U0458091

自在生活——与美同行

秦建鸿 著

上海三联书店

生命还在跳动，本书乃有价值。

——作者秦建鸿

以美的文字来谈美（代序）

孙琴安

岁月如梭。不知不觉中，与秦建鸿已相识交往二十余年矣！

初识秦建鸿，便觉有几分秀丽之气。接触多了，又感到她为人真诚直率，热情大方。她早年攻读美学，对中西方的美学理论和审美体系了如指掌。后来成为高校教授，也教美学和社会文化等课程。教学之余，还兼任沪上《读者导报》的记者编辑，主要负责阅读评论。

在教书、编报的同时，秦建鸿对美学研究仍饶有兴趣，长年不断，孜孜以求，硕果累累，在上海古籍出版社出版了《曲阜三孔》一书不久，中国文联出版社又推出了她的《路上的一面镜子——文本审美》。

近几年来，她在美学领域又发现和提出了"文化守衡"现象，并就此在大学学报上发表了九篇系列论文，引起学术界的关注。如今，她又为读者推出了一部新的文化美学著作——《自在生活　与美同行》。

大约在三十多年前，也就是改革开放之初，在中国大地上曾卷起过一阵美学热，西方一些经典的美学著作，无论是古希腊亚理斯多德的《诗学》、德国古典美学名著黑格尔的《美学》、康德的《判断力批判》，还是近世以来泰纳的《艺术哲学》、克罗齐的《美学原理》，乃至当代美学家的系列美学著作，一经译介出版，都会成为畅销书。许多美学杂志、美学词典也应运而生。这说明爱美之心，人人有之；对美的向往、追寻与好奇之心，亦人人有之。记得我当时也写过《性感与美感》等几篇文章，发表在当时的美学杂志上。后来不知何故，美学热有所降温，而弗洛依德的学说又热门了一阵。但不管什么原因，美学热的降温，可能与美学研究的某些现状有关。因为生活中的美，都是很具体的，可感知的，活生生的，但一经纳入美学领域，进入研究层面，却都变得抽象起来，没感觉了，至少不如原来所向往的那么美，于是，有些人就半途而废，放弃了；还有些人则又回到生活中或艺术中去寻找美了。

不过，一个很有意思的现象是，秦建鸿研究美学多年，也撰写了不少美学著作，却往往能独辟蹊径，另开一境，自成面目，有着自己的研究风格。她喜欢结合实际，用生活中一些富含美学意义的人和事，物与象，以深入浅出的方法来谈美，教你如何发现美，认识美，审视美，享受美，从感性上升到理性，从而走进敞亮的美学殿堂。她前些年出版的《路上的一面镜子——文本审美》是如此，这一次所写的《自在生活——与美同行》也是如此。

此书共分三大篇章，依次分别为"人生六阶"、"心物交流"、"自然情怀"。所谓"人生六阶"，即以《易经·坤卦》中的"六爻"作为人生的六个阶段，把人生的六种色块逐一展示并交汇于生命，回归人的本性，揭示个体生命的丰富内涵，又以此串起中国传统文化中的儒、道、释，突出审美的趣味性。所谓"心物交流"，主要侧重于审美理论的解读，审美基本上总是以感知开始，通过想象与情感，最后得以感悟和理解。而"自然情怀"，则以春、夏、秋、冬的时令变化和东、南、西、北的地理方位，也就是以人的生存环境与生活空间，来描述生活，谈人与自然的美学关系，呈现自然中的人文情怀。故三篇之间貌似分离，实则神合，有着内在的联系。

车尔尼雪夫斯基说得好："美是生活。"如果说《路上的一面镜子——文本审美》主要是以文学作品，特别是一些优秀小说中的故事与人物来阐释美，那么《自在生活 与美同行》则主要以生活中的人与事来阐释美。日常生活中的一些普通人物如张妈，寻常街巷如梦花街，眼熟民宅如石库门，到了秦建鸿的笔下，都会变得鲜活灵动、流丽曼妙起来，字里行间都充满着美，散发出美的气息，浸润着美的意蕴，透露着美的趣味。使你感受到，原来在我们的生活中，到处都有美，只需用你的心灵之眼去发现就是了。

说老实话，我是很佩服秦建鸿的文字之美的。她的文笔轻盈、流畅、跳跃、变化，时时闪烁着一种灵性之美。我总感到，谈美的书，文字一定要美；文字美了，书才能愈显其美，美上加美。否则总是一种缺憾。孔子说："言而无文，行之不远。"能有秦建鸿这样的文采，这样的美文，何愁何之不远？

然而，尽管此书的文字漂亮，轻盈灵动，却仍是一部审美方面的学术著作，蕴含着许多美学原理，只不过作者用一种散文的笔调，巧妙的结构，形象的文字，生动的事例，独特的方法表达出来罢了。用作者自己的话来说，就是"审美读物的另辟蹊径"。

是为序。

二〇一八年十二月十日于
上海社会科学院文学研究所

目录

第一篇，人生六阶

坤卦"六爻"，人生六个阶段，
交汇于生命，回归审美本性。

引子

　　男孩喜欢写作文，每个礼拜男孩都要写 2 篇作文，没人要求他，更没有人强迫他，只是他自己的兴趣爱好。那时的作文分两类记事和记人，男孩各写一篇，写好以后在星期五的课后交给语文老师，请老师批改。那时没有什么补习班，语文老师很高兴有这样的学生喜欢写作文，不厌其烦帮他批改，并耐心指教。

　　那个学期快结束时，男孩在记事和记人的作文中各选了一篇，准备参加当年的小考，向着心仪神往的重点中学，那所有着二百多年校史的中学。如能考上，那将是多么自豪和荣光，男孩这么想。

　　但是，最后男孩没有参加考试，考试停止了。随之学校也停课了！

　　那年男孩 13 岁。

九月，本该是开学的季节，现在，男孩无所事事。他爬上阁楼把头伸出老虎窗外，眺望遥远的天空发呆，男孩心想，那里肯定有许多许多可以探寻的奥秘…

日子一天天过去，有一天晚饭的时候，妈妈宣布了一项重大的决定：

家里要订一份报纸！

报纸！如饥似渴的男孩多么向往报纸，可以阅读和抄写。妈妈怎么会知道他的心思？男孩觉得这是一个奢望，没有提出过，也不敢提出。一张报纸的价格对于当时普通家庭来说是一笔不小的开支，家里要省多少钱啊。

妈妈就这样决定了。

从那天起男孩有了自己的课堂，他每天等候邮递员，报纸一到手，上课铃就响了，男孩先是认真阅读，边上还放着一本新华词典，随手查阅。然后再开始抄写，男孩觉得很开心自得其乐。尽管报纸文章有限，男孩游弋在文字海洋里，可以展开无限想象。

有一天报上刊登了一幅世界地图，上面标注着和中国建交的国家。男孩眼睛一亮，欣喜如狂，他从地图上首先看到了神往的埃及，1956年埃及就和中国建交了。

男孩从地图上仿佛看到了古老的狮身人面像，看到了斯芬克斯在讲谜语，读四年级的时候他就知道了斯芬克斯之谜。地理老师说，早上是四只脚，中午两只脚，晚上三只脚，那是什么？男孩第一个举手回答，那是人！地理老师很惊讶！同学们也报以热烈的掌声。

现在男孩又感受到了当时的得意。男孩自己也说不清这种灵感从何而来，其实就是从阅读中来。男孩喜欢阅读，他把课余的时间都泡在离家不远的少年宫阅览室，几乎读遍了那里的少儿图书，文字和语言的潜移默化给了他灵气和感悟。

于是，男孩小心翼翼地把世界地图从报纸上剪下来，找了一块硬板纸把地图粘在上面，这样就不容易碰碎。地图成了男孩的至爱宝贝。

现在，除了读和写男孩又有了自己的兴趣课。每天傍晚时分，男孩都要拿出地图，寻找他喜欢的国家，仿佛又读到了伊索寓言，读到了一千零一夜阿里巴巴和40个大盗。男孩回想起当年在少年宫阅览室里读到那些童话和神话故事，满心欢喜。

也就从那时起，男孩的周围经常会围绕着一群邻家的孩子们，大家戏称他"读报大王"，看着他在地图上指指点点，绘声绘色讲故事。

渐渐地男孩带着大家一起抄写报纸，比比谁的字写得漂亮。后来有邻家小孩憋不住把他家珍藏的宋徽宗瘦金体"偷"出来，孩子们大开眼界，看到像火柴棒一样的瘦金体，觉得挺有趣。瘦金体的起笔和收笔有点夸张顿挫有力，字体刚劲，很适合男孩子们的心情，大家开始临摹瘦金体。男孩们聚在一起切磋字艺，经常打趣新一代的书法家就在你我他中，嘻嘻哈哈，其乐融融。

在那些日子里，男孩知道了一个简单的道理，好奇求知皆有之，做自己喜欢的事得意在其中。

中国文化从《易经》源起，《易经》如格拉丹东雪峰，如果说格拉丹东雪峰是中国的父亲山，滴水之源奔泻千里，汇聚三江源。滋养华夏民族。

那么《易经》可谓中国文化之父，孕育了儒学和道学，浸润民族的血脉。《易经》中的每一爻意蕴绵延千年。

我们知道《易经》中乾卦为天，坤卦为地。人类与大地母亲相互依存相互交融，在大地母亲的怀抱中，人类创造了文明和文化。本篇用坤卦"六爻"作为人生六个阶段，串起中国传统文化——儒、道、释，回归生命本性，审美本源。

人生第一阶——履霜，磨砺美

什么是履霜？

我们从一个颇有争议的话题开始——"不输在起跑线上。"

许多人认为这个问题而纠结，输赢的压力成了心头的霾。输赢其实乃兵家常事，那么，人生的输赢，究竟指什么？我们就把这个答案留在"履霜"里。

坤卦第一爻，"爻辞：初六：履霜，坚冰至"。

"打开"履霜"的密码，本书解读为人生之旅的磨砺美。人生之旅扬帆起航，天有不测风云，履霜乃是一种生存意识。

人生第一步脚踩霜时，就要想到寒冬降临，做出相应准备，要知道即将到来的薄冰之履更艰难。

履霜之一：远虑，遥望碧海

子曰：人无远虑，必有近忧。

少年陈子昂整日游荡，18岁那年闯了大祸，剑出伤人。好在家境殷实，祖上积德免去了牢狱之灾。这次少年人生的震动，夹带着惊慌、恐惧，猛然豁开少年子昂的心扉，人无远虑，必有近忧。从此子昂走上正道，寻找人生的目标。

陈子昂开始学涉百家，最后进京为官。那一年陈子昂随军渔阳平定契丹之乱，登幽州台写下远虑之绝唱：

前不见古人，后不见来者。
念天地之悠悠，独怆然而涕下。

千古名篇诵出忧忧情怀的独寂、苍劲，却又充满理想奔放，陈子昂仿佛为人世悠悠而来，为人世悠悠而去。

人生向外的远虑在于撕裂出开阔的视野，驱动生命的内力。远虑，既是一种担当，又是一种忍受。于此在孤寂的痛苦中倍感灵性和神性，磨砺为美。

远虑，也是一种外在的适时态度。人生的步履在远虑意识下适应环境，肩负生命的重任。

这是一则耳熟能详的寓言故事：

"咕噜噜咕噜噜，寒风冻死我，明天就垒窝。"秋风乍起该垒窝了，寒号鸟却玩得开心。冬天很快降临了，夜晚的寒冷让寒号鸟绝望的伤感，然而第二天太阳升起了，暖洋洋照在身上，寒号鸟又得意忘形了。夜又无情降临，冬的狂风裹挟暴雨，无处藏身的寒号鸟就这样被活活冻死了。

寒号鸟缺乏远虑死于得过且过的近忧。

也许有人会说，活在当下。

当下是什么？当下就是能够感知白天与黑夜的变化，在变化中规划未来。寒号鸟没有当下，不知昼与夜之不同，生命唯有适时态度不断磨砺得以茁壮成长。

同样，孟子成材与其母育子的远虑密不可分。孟子幼年时顽皮好动，常去离家不远的墓地嬉戏，挖坑埋死人，竟然忘了回家吃饭。母亲琢磨换一个好环境，于是把家搬迁到街市附近，没想到繁华的街市更让孟子分心，甚至学着商人去集市上叫卖。孟母突然大悟，环境是孩子成长的关键。于是孟家又搬迁了一次，孟子果然在母亲的"三迁"之远虑下，开始进学堂用功读书了。

磨砺中焕发出美的光泽。

履霜之二：忧患，聆听寂静

人生扬帆之旅由外向的远虑，进而转向内在的忧患，回归生命独特的感悟。

有个年轻人向禅师求教。

禅师问：你在尘世遇到了什么困难？

年轻人愁眉苦脸：对前途感到十分迷茫。

禅师笑了，给了年轻人四个字：惧者生存。

惧者，心怀忧患，倍感危机。惧心相随，才能迸发出生命原始的活力。

故事的展开，我们可以设想，"惧者生存"给了年轻人顿悟与鞭策。

远虑和近忧，惧者生存，让我们感受到忧患意思，磨砺成美。

忧患，是一份独具的孤独感。

生命需要静听，一个久远的故事更让我们倍感忧患所蕴含的磨砺之美。

来自古新罗的金乔觉带着他的白犬（名曰谛听）在九华山上修炼75年，双双为伴以凶代吉，终于坐化成佛。细细想来，每个人都伴有"谛听"，谛听其实就是自我的外化，假如你能谛听，谛听心的律动起伏，沉寂下来的忧患之心渐渐地化入澄明之光，曾经沧海照耀前途。

履霜，人生的第一阶，霜降了，赶快行动，赶在暴风雪之前作好避冬的准备，等待不久的春天。

远虑和近忧是因缘互存的关系，第一步踩霜时，多视角看问题，用忧患消除磨难，看到其间隐含的东西，才能发挥更大潜力。

一切都会过去。一切又将开始，但必须为此而付出。

远虑和忧患，让个体关注生命且又超越自身，有限的生命磨砺出无限之美。

履霜之三：壮志凌云不言愁

人生的无常和命运之难测，履霜是也。

《一只小脚》于另一种揪人心扉的的故事，展示了履霜的另一层面。

产房里每个人都很紧张，这是难产。

医生轻轻拉出胎儿一只小脚，随后惊愕地发现那另一只脚，从臀部到膝盖这一截没有长出来，只有以下的部分。医生从未见过这么严重的畸形，女婴却要一辈子面对它。

接下来的几分钟，医生遭遇了一生中最大的挣扎。他知道这对女孩的母亲是何等残酷的打击，他知道这将预示女孩家为访名医治病而倾家荡产，他更知道可怜的小女孩一生只能坐在孤独中。

医生的脑子里闪过一个念头，他可以做一件事，让将来的一切痛苦现在就结束。孩子还没呼吸，也不必呼吸。

到这里，读者也为这不幸的女孩深感不幸。谁能预测人生的不可知性？故事后来的发展证明了人生的不可预知性。

医生的手迟疑了一下，只要延长几秒钟……然而，婴儿的身体突然一阵悸动，竟然充满了生命的坚韧与活力。

终于，这可怜的小女婴赢得了她生的权利。但是，可想而知履霜之路更艰辛。

假如故事就此而止，我们也与医生同感，只为女孩的悲剧命运而叹息。但是故事还有更深的意味。

十多年后的一个圣诞夜，医院又举行传统的派对。帷幕拉开，年轻的竖琴手特别让人着迷。女孩细长的手指在琴上飞舞，她弹得美妙极了，无尽的爱意包裹着她。

顷刻间，世界变得圣洁美丽。

演出结束后，一位妇人告诉医生，弹竖琴的女孩就是当年那个生下来只有一条腿的小姑娘。她现在使用了义肢。最棒的是，在她不会行走时，学会善用她的双手。女孩的母亲坚信，她会成为世界上出色的演奏家，她做到了。

女孩甜美地微笑着，又为医生弹奏了一曲《平安夜》。

"静享天赐安眠"的旋律中，医生觉得长久以来压在肩上的一份重担，正在慢慢卸开。灵魂中某些尖硬部分悄悄地融化……

人生如舟，奋力前行。

《一只小脚》的故事，让人思考究竟什么是输赢？假如是输的话，女孩从她诞生的那一刻，就注定了失败，因为她的残疾与一般人不是处在同一起跑线上。然而女孩成功了，获得了生命华丽的篇章，她的赢就是赢在输上。

美国，康涅狄格州哈特福德的一家医院，中学教师苏珊顺利生下她的异卵双胞胎儿子：纳特和彼得。

同时，富甲一方的露丝也生了她的男婴弗莱彻。但是，弗莱彻在几小时后夭折了。产科护士一念之差，抱走了彼得。

从此，命运无情地分隔了纳特和彼得这对异卵双胞胎兄弟。

故事顺着悬念便展开了。

两个孩子在各自不同的家庭背景中成长起来，却是灵犀相通。情窦初开的少年，在球场上居然同时爱上一个姑娘。跌宕起伏的情节，就像电影中的平行蒙太奇，终于交叉一起。

法庭上，彼得救了哥哥纳特，打赢了一场官司。纳特用他的血液注入了弟弟彼得因车祸而受伤的躯体，如此冥冥中的相依为命，看到人生戏剧性的一面。

当兄弟俩知道事情真相后，更显示出一种文明的学识和修养。"为什么要让这样的昔日幽灵重新复活？"为了各自父母的晚年快乐，过去的就让它永远过去吧。兄弟俩觉得，惟一的遗憾，他们没能在一个摇篮里长大。

最后，纳特和彼得一起竞选州长，在选票相等的情况下，只能以掷硬币来确定。小说在这样一种政治游戏中结束，出人意料，意味无尽。是调侃政治，亦在唏嘘人生。

人生无常以及命运难测履霜是也，也是通俗小说恒久的命题。《天之娇子》中的异卵双胞胎兄弟偶然离散之后的种种人生际遇，也就成了现代人生命运的寓言。

英国作家杰弗里·阿彻被誉为通俗小说明星，《天之娇子》的故事，读出了生活之艰辛，命运之坎坷，只有勇往直前，才能保持生命的力量。

小说中又描述了这样一段故事：

在 1923 年的一次工业事故中，卡特先生断了一条胳膊，之后再没有得到一分钱补偿的情况下被解雇。卡特无法找到其他工作，哪个钢铁公司也不会雇用一个独臂人，当他在当地一家旅馆寻找一份看门人的工作遭拒后，卡特意识到自己永远不能再工作了。

事情开头让人心酸不已，并且有悬念。卡特先生如何面对惨酷的现实？

在这之前，直到 1927 年，在美国并没有一个《工业补偿法》，所以卡特先生决定采取世所罕见，几乎闻所未闻的方法起诉他的雇主。

卡特先生请不起律师，一个年轻的法学学生觉得卡特先生未得到应有的赔偿，所以义务代表他出庭。他们终于打赢了官司，卡特得到了一百美元的赔偿金——对于这样一种冤苦，你可能觉得钱不算多。但是，正是这两个人一起直接推动了一项法律的政策。

阅读这段感人的故事，除了案例本身的生动之外，精彩的是教授的讲学。

亚伯拉罕斯教授继续说，我们希望，在将来的某一个时间，你们中的哪一位能在面对这样一个非正义的事情的时候推动法律的变革。故事内幕中的那个年轻律师的名字叫西奥·兰普雷里。他因为在卡特的案子上花费了太多的时间差一点被法学院开除。后来，很长时间之后，他才任职于最高法院。

可以想象，此刻教室里鸦雀无声，寂静中涌动着沉思。两个名不见经传的小人物推动了一项法律变革。

亚伯拉罕斯教授接着他的讲课，法律经常是个驴子，正如查尔斯·狄更斯告诉我们的那样，或许比这更重要的是，法律无一例外地存在着缺陷。我不会委托一个只想办法绕过法律的律师做法律顾问，尤其是当他们准确地知道参议院和国会初衷的时候。在你们中间，有人在加入某个著名公司几天后就会把这些话忘掉，这些公司的惟一兴趣就是不惜一切打赢官司。不过，也有些人，也许这些人不会那么多，他们会记得林肯的名言：匡扶正义。

教授的风采震撼了这些年轻的学子，激活了他们的思想。尽管我们没有亲临课堂，同样能够感知，正义所展露的睿者风度。

钟敲 11 下，下课时，亚伯拉罕斯教授对着他的学生特别强调："到下次上课前，希望你们去查一下卡特状告混合钢铁公司之后的五个案例，所有这五个案例都导致了法律变革。你们可以两个一组，但是不能向其他小组问询。早安，女士们，先生们。"

随后，教授匆匆离开了他的讲台。

《天子骄子》现代寓言中的这些人物，在命运的激流中博击，命运垂青勇往直前的人，谓为骄子。

历经履霜的惊心动魄，生活对于每一个人都充满了希望。

正如黑格尔所说，

"束缚在命运枷锁上的人，可以丧失他的生命，但是不能丧失他的自由。

就是这种守住自我的镇定，才可以使人在苦痛本身里也可保持住而且显现静穆的和悦。"

履霜扬帆，孤帆远影碧空尽。

人生第二阶——不习，智慧美

坤卦第二爻："爻辞：六二：直方大，不习，无不利。"

那么，什么是"不习"呢？

打开"不习"的密码，本书解读为：伴随人生的智慧美。人生之旅的启蒙真谛源自学习。不习，就是保持良好的学习动力和学习态度，活到老学到老。

不习之一：乐趣，学习的老师

子曰：知之者不如好之者，好知者不如乐知者。

孔子为我们解答了学习的源力，乐趣往往是学习最好的老师。自己想学什么？什么又是自己不知道的？寻找乐趣，源于自身的学习动力，自然会悟出真谛。

重温妇儒皆知的故事"神笔马良"，能为我们体悟"不习"的智慧美。

孤苦伶仃的马良喜欢画画，想学画画，可是他没钱买笔，更没钱上学堂。有的就是兴趣！

马良用枝干当笔，用烧炭的块当笔，在沙地上，在泥地上，自学画画。画目所能及的所有对象，一草一木，飞禽走兽，乃至家里的一切。从动态到静态，马良信手入画，长年累月从不间断，一腔热情洒满画中终于自画成才。

马良所画栩栩如生，出神入化，这是因为马良找到了学画的乐趣，用心去画画，将生命融入画中，悟到画之魂。

后来，有一天的梦中，一个白胡子老爷爷给马良送来了一支笔，马良惊醒过来，笔真的在手中，画什么东西，就成了什么东西。故事还将继续发展下去，有了许许多多不同的版本。

我们所议的是马良无笔之画，如果没有画的基础，画的功底，再神的笔也毫无用处。笔只是一种外力，内力就是画的功底。马良的图画是马良绘画功底的积晶，智慧的展露。而这些源自马良学画的乐趣，学画的源力造就了超凡脱俗的画的境界。

学习的乐趣开启智慧之美。

不习之二：循序渐进，学习之路

《百喻经．三重楼喻》说道：某人见邻居盖了二层楼房，眼红忌妒，又苦于手头资金不足，想要比过邻居怎么办？

于是他找来房匠，一拍脑门，点子来了。

他对房匠说："我要造三层楼房，但是只要你造一层，造最高的第三层就可以了。"

那人为自己的奇思异想而得意，省了下面两层，又节省钱，还能胜过邻居，乐在其中。

房匠目瞪口呆，没有下面，第三层怎么高高在上呢？

那人傻冒了。

有人说隐形嘛，下面两层隐形，那真是创意了。所花费的物力资力，时间更多了，当然这是另外话题，且当别论。

老子说"居善地，心善渊。"居善地，居住要选择好的地方，可止则止；心善渊，心态深沉大度，中常湛静。

换句话说，居住的根基是善渊，顺势而行，以平稳的心态找准立足之地，这是老子的教诲，也是"不习"之宝，学习必须脚踏实地，以善渊之心对待学习。

设想，如果让武大郎去学灌篮高手，他将永远失意和沮丧。

尺有所短，寸有所长。找准自己的位置，不习无不利，天生我才必有用。

可以说，不习，是学习顺应自己的潜能，不是好高骛远，而不切实际。学会发扬自己的长处，扬长而避短。

也有这样一个故事。

一只海马带着几个硬币出发了，去寻找它的未来。没多久，海马遇到鳗鱼。

鳗鱼问：老兄，你去哪里？

海马自豪回答：去寻找未来。

鳗鱼说，你付一半的钱，把这个鳍拿走，就能加快一半速度，达到目的地。遇到我，你算幸运了。

海马付了钱，安上了鳍，果真以两倍速度前进了。

不久，海马又遇见了海藻。

海藻也问，老兄，你去哪里？

海马回答，去寻找未来。

海藻说，我只要你剩下的一半钱，就把这辆喷气式摩托买给你，这样你的速度更快了，早日到达目的地。

海马把剩下的一半钱买下了摩托，以 5 倍的速度向深海进发。

不久，海马遇到了鲨鱼，鲨鱼得知海马的情况，便张开它的大嘴，对海马说，如果你走这条便捷，你会节省很多时间的。

海马心切，说了声谢谢，很快钻进鲨鱼贪婪的大嘴，完全被吃掉了。

海马的悲剧很惨痛。海马终极生命之时，自己却不知道。

海马憧憬未来，这是海马的志向；海马又出发寻找，这是海马的起步。

海马有志向，起步又高，但海马失败了，失败的连自己都不清楚。跌倒算什么，爬起来再行，可是海马没有爬起来的机会了。

问题出在哪里？

海马没有做功课！现在我们外出旅游还要做足功课呢，况且海马是奔着未来去的，但是海马目标不明确，更缺乏实干的积累，失败就在所难免了。

不习无不利，所有努力付出的过程朝向明确的目标，如此，既便不成，过程也值。谓之，过程的智慧美。

《吹牛大王历险记》中有个故事：

一个旅行者在雪野里行走了一天，月亮升起来了，雪地上更是明亮一片，此人实在太累了，一个盹从马上摔下来，躺在轻软的雪地上，他想睡会吧，顺手把马绳套在边上的一个铁棍上。

这一觉睡得很沉，旅行者被强烈的阳光照刺了眼睛，醒来一看他躺在一座教堂的门前，阳光灿烂，昨天的雪怎么没有了？

融化了？

马又到哪里去了？

此时，旅行者听到了马的嘶叫声，仿佛来自天外，他寻声抬头，一匹马被栓在教堂的尖顶上，嘶叫招呼，正是他的宝马！

雪地故事的寓意很明显，这是旅行者的奇想或吹牛，人生的目标为之学习而努力，必须合乎规律。

没有做不到的，只有想不到的。能做到的就是循序渐进的学习，由此结出智慧之美。

量力而行，保持良好的状态，永远向上，永不气馁，守住信念，为着一个目标展开多方位，多视角，多层次的推进。

学习对目标有用的一切，不习就是选择的学。"不习"，不是不习，相反是坚定学习的信念。

不习之三：恒心，学习的伴侣

天下无难事，只怕有心人。我们从小知道少年李白看见河边磨铁的老人，懂得了"铁棒终能磨成针"。如此造就了一代诗人。

没有持之以恒的学习态度，再大的雄心和目标也只能随风而去，何能见天际。

诗人心中的天际就是坚持，练就了宽广与豪放的浪漫情怀。

老子说：慎终如初，则无败事。

谨慎不懈，始终如一，既有目标，又注重细节，持之以恒。学习也同样，在兴趣的推动下，一步一个脚印，持之以恒。一个"恒"字，一个"细"字，学习到老都不怕，凝聚学习的智慧。就如学好数、理、化，走遍天下都不难。

成功不是一蹴而就的，唯一途径刻苦有恒，永不放弃。

有位心理学家统计,以学钢琴为例,成为业余爱好者,需投入三千小时训练,要想成为专业钢琴家,至少一万小时的付出,14年每天两小时坚持。说起容易,做时难,对一个人来说,14年光阴需要放弃许多,坚持如一。

我们都在羡慕郎朗,一个80后的成功钢琴家。

但是我们没有想过郎朗的付出和坚持,1天10个小时练琴焚膏继晷,快乐的童年就是琴键上的坚辛与时光的流淌。

坚持的乐趣决定付出,同样决定了持之以恒的学习态度。

坚持的乐趣就在学习目标明确了,朝向目标迈步,即是一种满足,又是一种快乐。

茶圣陆羽,一个弃婴,被禅师抱回庙里收养。陆羽从小耳濡目染,念佛诵经,禅师的严格教诲培养了陆羽人格。陆羽感恩禅师,但寺庙守不住陆羽,他的志向却在茶道上。从小为禅师烧水沏茶,不经意之中有了兴趣。最后终于求得禅师的同意入世求学,终成一代名师,留下一部永恒的经典《茶经》。

陆羽找准了位置,入世刻苦求学求艺,以恒心为伴侣,正是这份坚守成就了陆羽终成茶师，名扬中华。

在恒心伴侣下的学习，渐渐褪去唯一的学习功利性，陶冶情操拥有健全的人格，闪烁智慧美。

不习之四：成为自己

马丁·海德格尔《存在与时间》里写到，"倘若存在就是生命，那就没什么问题，就没什么答案需要回答。"

生命就是存在，在生存的过程中体现生命，体现生命存在的意义和价值。沙漠中的胡杨，冰山上的雪莲，火山岩里的小草，他们经受了无数残酷的磨难，以及由此带来的痛苦与欢乐，唯有他们自己知道。

那么人呢？

生命从履霜开始，起步于坚韧不拔的不断学习的过程，人这一辈子其实也就是大自然种的一草一木，而无贵贱之分。

英国顶尖厨师尼基尔·斯特拉特出生在一个中产阶级，家庭生活和睦。但母亲却是一个对厨艺一窍不通的主妇，全家每天吃的就是热狗加黄油的吐司。男孩尼基尔向往美食，憧憬美食。在学校里他选了家政课，学做各种烹饪技术，小小年纪又去多家饭店打工，终成一代厨师。

只要你有兴趣持之以恒的学习，就能成为你想成为的人。

荀子曰：学至乎没而后止也。

生命不止学习不止，不断学习改变自己，进取而创造机遇。

有这样一个寓言故事：

老鼠、猫和狗。老鼠怕猫，猫是老鼠的天敌，但是猫却又怕狗。老鼠认为要寻找安全，远离猫的威胁，只要胜过猫一筹，学狗叫！

这招真灵，老鼠觅食，猫来了，犬吠声起，猫逃逸。

老鼠的聪明，让人汗颜。

不能忘记的是孔子的教诲。

子曰："君子有三思而不可不思也：少而不学，长无能也；老而不教，死无思也；有而不施，穷无与也。是故君子少思长，则学；老思死，则教；有思穷，则施也。"

孔子的话言简意赅做人要从小展望将来，就是学习；老了不想死不瞑目，那就要去教育下一代；有钱，但是独自拥有等于没有，就应该去施舍别的穷苦人。

你看老鼠不断学习生存技能，开放式的思维不是就事论事，并将学习的技能代代相传，难怪老鼠那么聪明。

那么人类呢？当然更胜一筹。

我们知道世界近代史由葡萄牙改写，葡国崛起与一个名叫恩里克的王子息息相关。恩里克12岁那年，也就是1406年，一本尘封1200多年的书出版了。——《地理学指南》，引发了一场关于地理知识和观念的革命，同时激发了少年恩里克的航海梦。

恩里克为航海之梦学习了一生，奋斗了一生，终生未娶，把生命奉献给人类的航海事业，尽管恩里克从未出海，但他仍是当之无愧的海洋英雄。正是在恩里克的带领下，葡萄牙启动了征服大海的行程。由此葡萄牙摆脱了贫穷和落后的境遇，登上世界历史的舞台。

1960年为纪念恩里克逝世500周年，葡国政府为恩里克建造一座纪念碑。

献给恩里克和发现海上之路的英雄。

学习的动力来自于改变生存目标，动力源于发现身边的事物，是一个循序渐进的过程。由兴趣引发学习，坚持而知足常乐，最终成就自己。

《道德经》开篇即云：道，可道也，非恒道也。名，可名也，非恒名也。"无"，名天地之始；"有"，名万物之母。 故，常"无"，欲以观其妙；常"有"，欲以观其徼。此两者，同出而异名，同谓之玄。玄之又玄，众妙之门。

要常从"无"中去观察领悟"道"的奥妙；要常从"有"中去观察体会"道"的端倪。无与有，宇宙天地万物之奥妙的总门。

大地之始，万物之母就是美的众妙之门。一切来源于人类学习创造的动力。一部人类历史也是一部人类智慧的文明史。

我们看到人类文明的进程中，美从来没有缺席过，人类文明史其实也是一部美的历史。

不习，开启智慧之门，不尽长江滚滚来。

人生第三阶——含章，潜质美

坤卦第三爻，"爻辞：六三：含章可贞"。

打开"含章"的密码，本书解读为：生命的潜质美，有美德而不显耀。人生旅途前行之路，保持良好的务实态度，含蓄而内敛。

含章之一：言行内核

讲言行，我们先从一个故事开始。

当年吴国的公子季札有一次前往鲁国办事，途径徐国，徐国的国君设宴款待他。席间徐君对季札佩带的宝剑大加赏识，赞不绝口。季札很得意，也被徐君的鉴赏力而折服，当即就说，徐君应该拥有这把剑，可惜这次我公务在身，回途中定将此剑送于您。

后来季札办完公务，打道回府再去徐国，不料徐君因病刚去世。季札很伤感悔不该当初就把剑送给徐君。季札的随从劝慰主人节哀，既然徐君已死，剑也不必送了。季札说，哪怎么行，剑是自己说好了要送徐君的，说好了的事必须做到！再说徐君也会在天堂等着。

于是就把剑挂在徐君墓旁的树上。

这就是流传至今的"季札挂剑"的典故。

如果以今天物欲的眼光来看，不可思议，季札不是太傻了吗？这把宝剑价值昂贵啊！但是这在这个故事里，季札并不在乎宝剑的价值，更在乎做人的价值。献出宝剑，得到人之信。一个"信"字，名誉天下。得与失之间刷新了人的精神界面。

子曰："人而无信，不知其可也。大车无，小车无，其何以行之哉！"人言为信。孔子把一个不守信的人，比喻为寸步难行。信守诺言外信于人，是诚信的外化，做人规范的起点。

"季札挂剑"把诚信的信守诺言推到了极致，那把挂在树上的宝剑，一挂千年，气吞山河，挂出了一种气势。

也许冥冥之中，徐君的死，徐君生命，铸就了季札的精神内核，没有徐君，也就没有季札挂剑。诺言千金维系着人与人，人与社会的方圆和规矩。

那么诚信的内在方面又是什么呢？我们也从一个故事说起。

晏殊，宋代宰相，著名的文学家，从小就有神童之称。那年晏殊14岁入殿参加考试，考题对晏殊来说一点也不陌生，因为他平时早已练习过。于是晏殊上奏皇上，请求用其它的考题再来测试他。晏殊的真诚和才华打动了满朝文武，更受到宋真宗的赏识，授晏殊于官职。

于是"晏殊殿考"成了一段历史佳话，也为后人所赞誉。

在晏殊的故事里，我们看到了晏殊的言行，面对高官厚禄，面对考场舞弊的俗风，晏殊守住了内心的信念，以真诚抵御世俗的诱惑。

"昨夜西风凋碧树，独上高楼，望尽天涯路。"

晏殊的名词正是他的精神写照，那份愉悦来自灵魂深处的坚守，以信念拥抱希望。诚信使晏殊站稳了脚跟，推开繁花世尘的大门，望尽天涯路，不为官场的庸俗而动，为一种信念而存。晏殊身居要位，而平易近人，唯贤是举。

独上高楼的孤傲风骨让晏殊创立了一种美学风韵，超越世俗脱颖而出，尽显独领风骚的潜质美。

真诚，诚信内敛。诚，"从言，从成"，内诚于心。礼记·中庸解释："诚者天之道也，诚之者人之道。"诚实是天地之大道，天地之根本规律，追求真诚是为人之魂，君子养心莫善于诚。在喧嚣的尘世中，如何守望真诚，这亦是一个古老而又新鲜的人生命题。生命的本

质既要融入社会，追逐梦想，又要淡泊名利，宁静而致远，
修心为本，以显示人心的内核。

含章之二：交往的桥梁

"有朋自远方来，不亦乐乎。"

《论语》开卷第一篇就道出了人生的关键节点——朋友。交什么样的朋友，与怎样的朋友相交决定了人的一生的路径，交朋友首先是自己"与朋友交，言而有信。"

信义选择了朋友，朋友选择了你。

相传汉朝有个名叫朱晖的人，平时很讲义气。一日他的同学张堪对朱晖说，如果我有什么三长两短，托付你照顾妻儿。没多久，张堪去世了。

朱晖带着财物去看望张堪的妻儿。一起前往的朱晖的儿子说，平日里没见父亲与这个张堪来往，为什么要去关心他的妻儿？

朱晖语重心长对儿子说，张堪很看重自己，早在心里把自己当知己了。

君子之交淡如水，知己是一种心心相印的含义和默契。

加缪如是说：

不要走在我后面，因为我可能不会引路；
不要走在我前面，因为我可能不会跟随；
请走在我的身边，做我的朋友。

诚信的本质搭建起交往的桥梁。

其实，一本《论语》讲得就是；信与恕。

《论语》中有这样一个故事。孔子的学生子贡问孔子如何治理国家，孔子说要做到三点："足食"，有足够的粮食；"足兵"，有足够的军队；还要得到百姓的信任，"民信"之矣。

子贡又问，如果要去掉一项，该是哪项呢？

孔子答：去兵。

子贡又问，如果只留下一项呢？

孔子答：去食。自古皆有死，民无信不立。

有信则立。

　　诚信就如一颗种子，播出你的言行撒满人生之路，收获的是别人对你的赞誉，这种美好的心情就像一面镜子，时时照见你的潜质。

　　老子说：言善信。

　　语言朴实而讲信誉。人世间的道理，就像物理学上的定理：作用力等于反作用力。

　　主宰华尔街的摩根家族的创始人摩根曾说，"信誉，是我一生的操守，因为它具有无穷的复利效果，它可以让你从身无分文的小子变成真正的亿万富翁。"

　　由此社会学家马克斯·韦伯论断：善于归还钱的人，就是别人钱袋的主人。

　　诚信是现实世界的尺度，又是人类精神的内核。

　　由精神衍化的文化，是人类区别于其它动物的根本。社会学家戴维·波普纳如此说。

　　诚信，铸成中华民族文化的精髓。

　　"言必信，行必果。"论语中有这样一个故事：

　　子贡问老师："什么样的人才能被称为士？"

　　子曰："能用廉耻之心约束自己，奉命出使各处，方能圆满完成君主所交任务，可谓最好的士。"

子贡又问："那么次一等的士呢？"

子曰："宗族人都称赞他孝道，乡党人都称赞他悌爱。"

子贡再问："再次一等的呢？"

孔子回答："他们是那些讲话算数，行动果断的人。

与人交往最基本的是"信"，做人则是"恕"。

论语中也有这样一个故事：

子贡问师：有一言可以终生受用吗？

子曰：其恕乎！己所不欲，勿施于人。一个恕字，包含一切。朱熹解释为：尽己之谓忠，推己之谓恕。"从心如身"之恕，就是一种宽容大度的博爱之心。

在"恕"字的法定下，复杂的人际关系变得简单起来，梳理人间的纠纷与困惑。

一撇一捺是个人，恕字在中间。

俗话说，人有三种，一种是仗势欺人，一种是恃才压人，最后一种以德服人。以恕炼成了品行和修养。

书法大师启功的为人故事有口皆碑。

书友问：别人都在摹仿你的作品。

启功答：这很好，能多一些人了解。

书友进问：大师能区分赝品和自己的作品吗？

启功又答：写得差的是我的，因为我老了，手指不如年轻人灵活了。

启功用宽大的恕心包容一切，含笑对待世态炎凉，感染千秋。

又有这样一个故事：女孩去当临终关怀的义工，每次老奶奶总躺在那边不常说话。那回女孩两周没去了，走进养老院一眼就看见走廊尽头老奶奶坐在轮椅上，头上那顶红帽特别艳丽。

"奶奶，您怎么坐在这里？"女孩问。

奶奶急切说，"我惦记着，你该来了！"

女孩怔住了，热泪盈眶与奶奶相拥，感到一种前所未有的义务和责任。

被人惦记，惦记别人，这就是人世间的美好。

另有一个男孩，他说，每逢节假日，外婆来了，他就按照外婆的作息时间改变自己的起居，晚上不玩电脑手机，早早睡了，为着第二天早上早早起床陪伴外婆，与外婆一起去街心公园散步。

就这么简单，但对今天的男生来讲已经很了不起，也很鲜见，这份孝心来自"恕"的传统美德。

"老吾老，以及人之老；幼吾幼，以及人之幼。"——
《孟子》

爱天下所有的老人和孩子，广言之让爱洒满人世间。
爱护赡养自己的长辈和孩子义不容辞，天经地义，还要
爱护其他的老人和孩子。

中华民族两千年前的博爱精神，与20世纪马斯洛的
人本需求殊途同归。自我实现是人类区别于其它动物的
标志，在马斯洛的人本主义五大需求宝塔型的结构中，
生存与安全作为底基，和地球上所有生命的物种相似。
但是人类在交往中发现自己，这就需要更高的尊重，尊
重是相互的，尊重自己基于尊重别人，有了这样的理念
和精神境界，人才能达到一个高峰——自我实现。

确切地说，最高一层就是感觉到生命的意义，做人
的价值。

一世生命，只有人类会去感受并能品尝这短短一生
的甜、酸、苦、辣的个中况味，学会感受就有体验，发
现并完善自我。

马斯洛的精神理念其实很简单，感受一下自己与他
人的不同，取长补短。感受是在交往中发现，发现身边

一切的美，这样一种心灵体验，马斯洛把它称为"高峰体验"。

上苍赋予人类特殊使命，萨特用了一个很恰当的比喻"人林"。

人群组成的社会如人的森林。每种树都有其独特的价值，但单个显示不出与众的不同，只有在树林里面，树木与树木的比较中突出了每棵树独特的价值。

人群亦然。

不同性格的人通过人际交往展示自我风采，在交往中显示自身价值，这就是通常所说，你中有我，我中有你。

"人不知而不愠，不亦君子乎。"论语开卷《学而第一篇》就教导做人的基本底线，守住本性，宽容别人，别人不理解你，也能接纳。用一颗博爱的"恕"之心拥抱世界。世界以痛吻我，报之以歌。

含章之三：生命灯塔

尾生与女子约定在桥梁相会，久候女子不来，水涨，乃抱桥柱而死。

《庄子·盗跖》短短几个字的故事，流经千年，继续流传。

尾生等什么？

有人说天涯何处无芳草，尾生真傻。

有人说路在脚边，为什么不到桥上去，尾生真笨。

尾生不懂这些吗？当然不是。

尾生等的是信义，尾生坚守自己的承诺，尾生守望的是精神。重视名节轻生赴死，不顾念身体和寿命的尾生，成了一个颇有争议的话题，流经千年。

"此后不知隔了几千年，那魂经阅无数轮回，又不能不托生于人世了。那就是栖于这样的我之灵魂，所以我虽然生在现代，却不能够做一件有意义的事。昼夜漫然地度过梦幻的生活，只是等待着什么要来的、不可思议的物事。恰如那尾生在薄暮的桥下，无论到何时，都在等待永久不来的爱人郁郁而终一般。"

这段悽美的文字出自日本作家芥川龙之介之笔，芥川龙之介深信尾生的信义，尾生的等待，如同灯塔守望着希望。

尾生用尾生等待的灯塔去守望人生，正如鲁迅说，希望是本无所谓有，无所谓无的，就像地上的路，走的人多了便成了路。内心的潜质筑建精神灯塔。

贝克特的独幕剧《等待》亦如此：

舞台上就两个人。甲问乙你在这里干什么？

乙答：等人。

他是你的什么人？

不知道。

他什么时候来？

也不知道。我只知道在这里等。

就是一个等，看似荒诞的故事，其实质就是表述一个人类恒久的真实的情结，守住希望，坚定信念，散发最大的潜能。

这份潜能来自于内心的责任，严格和宽容。

含章，是苛责自己的内心，对自己要求严格再严格，对别人宽容再宽容，包容和悲悯他人，让世界充满爱。

清朝人朱仁轨写了一首《诲子弟言》：

终身让路，不枉百步；

终身让畔，不失一段。

一辈子给人让路，也不过多走几百步，一辈子给人让田界，也不会损失多少田地。

常言道，失得眼前亏，赢得长远福。

《三国志》刘备临终托孤诸葛亮，嘱咐阿斗"莫以善小而不为，莫以恶小而为之。"

千古流传，家喻户晓。

但是行动起来非易事，我们往往把目光放在大小上面，善就在脚下，就在身边，举手之劳的事就该举手去做，从小的做起，渐成习惯。

有个老和尚老眼晕花，不能穿针补衣，叹声说道，谁来帮帮我吧！

佛陀闻声前去为他穿针，老和尚很感动，对佛陀说，您洪量福德，为什么还要为我再种如此小的福德？

佛陀笑答：保持善想，不舍小善。

其实，善与恶就本质而言无大小区分，善就是善，恶就是恶。

子曰：善不积不足以成名，恶不积不足以灭身。小人以小善为无益而弗为也。以小恶为无伤而弗去也。故恶积而不可掩，罪大而不可解。

积善之家，必有余庆。宋代布衣丞相范仲淹就是一例，出生清贫，功成名就不忘积德，"范氏义庄"养活了苏州三百户贫困农民。

童话故事《巨人的花园》讲述，在一个寒冷的冬夜，巨人救下了窗外冻得发抖的小人儿，巨人给他食物吃，并用热水为他暖身。巨人的热情感化之下，小人儿笑了，屋子里的花草立刻长出了新芽。

原来小人儿就是春天。

巨人想独自拥有春天，把小人儿的披风藏起来，小人儿不再笑了，春天在巨人家里转眼即逝。

巨人终于明白春天是锁不住的，锁起来的只是他卑微的心。巨人把披风还给小人儿，春天飞走了，春天来了，红花绿树满园春。

春天唤醒了人性中最深柔的东西，我们和巨人一起明白了包容与分享。精神的守望和企盼唤醒了生命的潜质美。

人生第三阶，含章本身就包含了优美内涵，这就是人性美的潜质。美不是显露，而是含而不露，包容一切。含章是保持良好的处世态度，虽然限制了自己，但却达到与万物和谐的境界。

含章前行，独上高楼望尽天涯路。

人生第四阶——括囊，精进美

坤卦第四爻，"爻辞：六四：括囊，无咎无誉"。扎起口袋，无灾无誉。

打开"括囊"的密码，本书解读为：心灵驿站，精进美。括囊可以说是含章的升级版，岁月流淌，人生的阅历厚实的你，随遇而安，处处是风景。不求有功，但求无过，拒绝诱惑，笑傲江湖。

精进之美来自荣辱不惊，多视角看世界。这是一个漫长的修炼历程，这种放飞自我的自由精神是人类的特质，也是人类使命的根本。

括囊之一：淡定，拥抱世界

我们从老子的故事说起：

某学者慕名前去拜望老子，不料见老子家如此简陋，很惊讶很不满意，开口便对老子说，你一个圣人，住得和牲口房差不多，很丢人。

老子浑然不觉。

那人很气愤扭头便走。一路上愤愤不平，很难理解老子为什么不责备他？一夜未眠。

第二天那人又去拜望老子，说："圣人，昨天骂你为什么不回击？"

老子笑答，我不是圣人，住何处又什么相干？你的粗撞鲁莽失去了本性，回归本性即是道。

老子的淡定是一种谨慎，收起袋口，为得是回归本性，拥抱世界。

老子又说"鱼不可脱于渊，国之利器不可以示人。"

国之利器不可轻易夸耀，做人一样，炫耀鱼而脱离水适得其反，学会在淡定的低调中磨练自己。

子曰：三十而立，四十不惑，五十知天命，六十耳顺，七十随心所欲而不越矩。

人生有了一定的生活阅历，工作经验，不惑的年代就是学会低调，淡定行事。

宋朝的官二代（俗称"衙内"可圈可点。）

宋代的士大夫家族很重视培养子孙的品行，留下众多的家训。

包拯的家训很经典，且简炼。

"后世子孙仕宦有犯赃滥者，不得放归本家，亡殁之后，不得葬于大茔之中。不从吾志，非吾子孙。"

因此包家的这条家训约束力非同小可，产生一定的威力，包家子孙的确没有辱没祖宗，在祖上的光环下低调行事，努力开拓各自人生的道路。

包拯的儿子包绶，其孙包永年为官清正，留下了好名声。

不施张扬是宋代的一种风气，宋朝"以儒道立国，而儒道之振独优于前代。"儒家相信"教化而行风俗美。"

"修身—齐家"宋代家训与一个时代主流价值观相呼应，促成了一种敦厚的淡定而拥抱世界的风俗。在无形的压力中约束言行，无论是金珠满堂，抑或寻常巷陌都会闪烁涵养之光。

有人将曾国藩的精彩话语浓缩成几条语录：

1. 讨人嫌，离不得一个"骄"字。

2. 为人不可过于聪明。

3. 胸怀广大，须从平淡二字用功。

4. 无实而享大名者必有奇祸。

5. 不可轻率评讥古人。

6. 先静之，再思之，五六分把握即做之。

7. 另起炉灶，重开世界。

8. 男儿自立，必须有倔强之气。

9. 困心横虑，正时磨炼英雄之时。

10. 功不独居，过不推诿。

这十条语录归纳起来就是括囊，扎起口袋告诫自己，平淡用功，不骄不躁，低调行事。

世事如云，往事如烟，仿佛品读王维的诗：

吹箫凌极浦，日暮送夫君。

湖上一回首，山青卷白云。

《欹湖》无一字言情，离情却浓郁其中。括起来的裹，涌动一腔的情怀。

括囊之二：不争，开启另扇门

人生如远行，回眸但见青山在，乡音无改鬓毛衰。千江有水千江月，永恒的天地，给予人类一种宽广的胸怀，抵御琐碎而世俗的短暂人生，享受生命。

老子讲天下之道，不争而善胜。"夫唯不争，故天下莫能与之争。"

战国时期有个名叫孙叔敖的人，他是帮助楚庄王成就霸业的功臣，但从不以功自居，为人很低调。

孙叔敖临终时对儿子说，自己在世不受封奖，但他死后，大王一定会给家里加封，你不能推辞，就挑一块最差的地吧。

孙叔敖的儿子记住了父亲的嘱咐，挑了一块最差的封地，结果楚国的封地按政策，功臣两代后就要收回，唯独孙叔敖家的封地延续下去。

这是为什么呢？

不收回孙叔敖家的那块地，道理明摆着没人要！没人要的东西，不就是莫能与之争吗？一切都很明朗了，不争功论赏，不拿名夺利，吃得眼前亏，方能站稳脚。在老子那里，这又叫以柔克刚。

老子的老师曾对老子说，你看我的牙齿掉了，舌头还在，不就证明相互存活的道理吗？

括囊其实是含章的升级版，贯穿始终的乃是仁与德。

子张问"仁"于孔子，孔子曰："能行五者于天下，为仁矣。"

请问之？

子曰："恭、宽、信、敏、惠。恭则不侮，宽则得众，信则人任焉，敏则有功，惠则足以使人。"

在孔子那里，恭谨、宽厚、诚信、敏达和恩惠就是做人的道理。其核心"纳言敏行"。少讲不讲，能让则让。

有这样一封流传百年的书信：

千里修书只为墙，

让他三尺又何妨。

万里长城今犹在，

不见当年秦始皇。

　　这是清代康熙年间朝廷官员张英的故事，其家人与邻居为建墙纠纷，闹到京城，张英的家信让家人觉得惭愧，于是让出三尺。邻居见状，颇受感动，也让出三尺，结果两家之间形成了一条"六尺巷"，成为街头巷尾的美谈。

　　张英的宽厚促使了邻里的祥和，同时造就了为官者的低调形象，五德之美其实很朴素，学会放弃，又是一番天地。

　　括襄的人生境界是一个漫长的修炼历程，不断的换位思考，从而有新的感悟。

　　有人从画家手里买了一幅牡丹画，献宝给朋友看，朋友却大呼不吉利，这画缺了一角，牡丹象征富贵，不就成了"富贵不全吗？"

　　那人愣了，拿着画找画家说理。

　　画家听了他说的理由，灵机一动，劝说，"牡丹代表富贵，所以才要缺一边，不就是富贵无边吗？留下无穷的一边给你了。"

那人兴高采烈走了。

其实这无穷无边的一角就在自己的内心深处，在于你如何看问题，世界就在前面，条条道路通罗马。

括囊之三：精神无际

"昔者庄周梦为胡蝶，栩栩然蝴蝶也，自喻适志与，不知周也。俄然觉，则蘧蘧然周也。不知周之梦为胡蝶与，胡蝶之梦为周与？"《庄子·齐物论》的周庄化蝶，成为不朽的名篇，正是因为看到了人类精神的自由性。

周庄能如蝶飞翔，与蝶合而为一，唯人类能有如此想象，深深的享受和陶醉于梦幻之中，于世俗红尘若即若离，即扎根于泥，又于泥而不染，这种境界唯梦蝶能超脱，精进修炼成为人生每日的必修课。

有小沙弥初入佛门不久，觉得已习成，谢师而别。

法师对他说，徒儿把这瓶子里装满小石头，就走吧。

小沙弥想，这不太简单了吗？

三下二下将石头装满瓶子，再谢别法师。

且慢，法师说。你看这瓶子没满，顺手捞起一把小石块，将瓶子晃了一下又全放进去了。

小沙弥恍然大悟。

自由精神在于精神的无边无际，这种放飞自我的自由精神是人类的特质，也是人类使命的根本。

精神探索恰如润滑剂。

《菜根谭》云："路径窄处，留一步与人行，滋味浓的，减三分让人食。"

与人共享带来的是快乐，亦是精神的自由释放。

也有这样一个童话：

鸽子与乌鸦同在一棵树上休息，尔后各奔前程。鸽子见乌鸦伤心疲惫，便问道：

"老兄，你要飞往何处？"

乌鸦说，"其实我不想飞，不想离开这里，但是这里的邻居都嫌我的声音不好听。"

鸽子说："这是你的声音，如果你不改变，飞到哪里不一样吗？"

乌鸦好委屈："我的声音就是这样"。

如果要生存就必须改变，用心去适应对象和环境。

改变不了的是自己，学会包容的也是自己。

于是经常有长辈语重心长告诫后生：

静下心来，括囊倾听自己，倾听风声和雨声。

这世界之美在括囊中感受柔和的寂静。

生活阅历告诉我们换一种角度思考，感受不一样，修炼靠近自身，门关了，窗外是景，门开了，一条道路通向远方。

　　"你站在桥上看风景，

　　看风景的人在楼上看你。

　　明月装饰了你的窗子，

　　你装饰了别人的梦。"

卞之琳的诗很有禅意，道出了生活的多面性，多重性，多样性，说不尽的是心灵的感受，自我精神的升华。

括起来的襄其实是打开的。

完形心理美学家阿恩德姆例举经典例子：

米开朗基罗壁画《上帝与亚当》从天上飞来的上帝将手指向亚当伸出的手，通过观赏者的介入参与两者手指间的空隙，感受到上帝创造并给予亚当灵魂。

亚当是独立的个体，没有上帝就没有亚当，没有亚当也就无所谓上帝和上帝的创造！

于是心理的张力，换言之精神张力在上帝与亚当的指尖扩展延伸。

完形心理美学认为，人的精神活动能够完形对象世界。通过欣赏主体的介入，或者说审美主体的参与，将对象那些个别的，独立的局部的现象，通过人的心理活动，完形成一个整体对象，这是审美空间展开的趣味，也是人类思维的意义。

完形心理的张力与禅学趣味殊途同归。

禅宗有经典例子：《风幡之论》。

两僧见风中幡动。

一曰：风动。

另曰：幡动。

慧能禅师恰逢路过，说："不是风动，不是幡动，是性动（心动）。"

风与幡看似两个独立的事物，两个独立的对象，却有因果关系，风不起幡怎么动？幡飘则风吹。风与幡的辩证关系，是通过人的思维产生，正如完形心理学所论，在人的思维中完形。

人类赋予了对象世界意义和价值，精神在对象之间遨游，如此获得审美的愉悦。

括囊之四：圆通，顺势而为

括起来的囊是为了更宽厚的容量，由自身的感悟去体验去领会生活的意义和趣味。

有诗云：

"……

悄悄的我走了，

正如悄悄的我来了，

挥一挥衣袖，

不带走一片云彩。"

徐志摩的经典现代诗篇《再别康桥》道出了人生的诗意，带走的是内心的享受和愉悦，留下的是美好的祝福。

《老子·第十二章》讲道：

"五色令人目盲，五音令人耳聋，五味令人口爽，驰骋田猎，令人心狂，难得之货，令人行妨。是以圣人为腹不为目，故去彼取此。"

老子的意思是说，五彩缤纷让人眼花缭乱，最后变成瞎子；鼓乐齐鸣让人双耳失聪，继而成了聋子；山珍海味败坏了人的口味，最后成了呆子；骑马打猎让人心花怒放，最后导致成了疯子；奇珍异宝让人蠢蠢欲动，最后下手成了一个贼。

欲望真可怕！

人不是欲望的动物吗？人之所以为人是因为人有欲望而有追求，上帝赋予人一种追求感，人对欲望的追求换来一种成就感。

因此，圣人但求吃饱肚子而不追逐声色之娱，摒弃物欲的诱惑而能保持安定知足的生活。

问题是如何控制欲望，老子说"清心寡欲"。不要为欲望而欲望。

"为无为，事无事，味无味。"

老子的"正言若反"是指彼此相异的、互相排斥的、对立的，但在某种条件下，某种意义上，表示某种特定事物的概念和它的对方具有了统一性，二者互相包含，互相融合，互相渗透，彼此同一而一致。

老子以他的"正言若反"的思维方式告诫世人，以没有追求为追求，以没有成就为成就感。

人生的精进是一个炼修的过程，我们常说一份耕耘，一份收获，道出了耕耘与收获的关系。一份耕耘并不一定赢得一个好收成，收成又有诸多客观因素的作用和结果。收获除了客观物质的收获更包含了自身主观的的感受和体悟。

辛勤耕耘是人生的必修课，收成就如成就，把它当作意外的惊喜，即得到了收获。这份收获一如老子所说"没有成就感的成就。"

这是因为辛勤耕耘往往抵挡不住天灾人祸，各种无法预料的事情在一个瞬间悄然而来，冥冥之中的偶然性注定了收成的成败与否。

当一切归于寂静的时候，内心深处的感受如波涛汹涌，这才是一份最大的收获！一种美的享受，享受苦难之中的甜味，享受磨难带来的喜悦，一切顺势而为。

生命的苦与乐的滋味，是灵魂的咀嚼，说不完道不尽的还是自我的包容和圆通。

精进美的张力在于心与物之间伸展，物非物，心似物。心底无私，天地宽。

社会学中有这样的一个案例：

寒冷的冬天一群人拾柴生火取暖，火焰熊熊燃烧，温暖如春。但是很快火将熄灭，谁都不愿离开再去拾柴，不拾柴，火自然熄灭。这群人活活冻死了。

另一群人也拾柴生火取暖，他们知道不给火添柴，火终会熄灭。于是大家又都去捡柴了，没有一个人留下来。火很快熄灭了，而那群人也冻死在路上。

第三群人懂得了火与人的关系，火是不能熄灭的，人可以轮流取暖。于是他们分成了两组，一组捡柴，一组取暖。轮流互换，井然有序，成了铁的制度。

给人取暖的火苗，现在成了不变的主角，成了人为之服务的对象。

问题又来了，社会必须规范而有秩序，但其间也包含诸多不定的因素，命运往往不按常理出牌。

普希金有诗云：

有个姑娘爱上一个小伙子，

可那小伙子爱的却是另一个姑娘，

那个姑娘一气之下嫁给了一个无赖，

小伙子爱上的姑娘却又嫁给了别人。

……

生活就是这么无情。

不能盲目的追逐，又不能轻易放弃。目标的设定和追求，放弃和改变，有时是瞬间的抉择，有时是深谋远虑，顺势而为为常态。

括囊驿站，停车坐爱枫林晚。

人生第五阶——黄裳，归真美

坤卦第五爻，"爻辞：六五：黄裳元吉"。"黄"是大地的本色，是中色。"裳"为下衣。"元吉"，大吉大利，大为吉祥。保持本色为吉祥，方能功德圆满。

打开"黄裳元吉"的密码，本书解读为归真美。归真美犹如润物细无声，由里及外，通体透明，潜心内练，在于一个"真"字。

显然坤卦"六五"，以柔克刚，所以不能过分表现自己，用中和的黄色做一个不引人注目的下装，保持谦逊低调获"元吉"。

《坤·文言》说："君子黄中通理，正位居体，美在其中，而畅于四支，发于事业，美之至也。"

美在黄裳之中，潜心内练，发于心而畅于四肢，由里及外，通体透明，润物细无声，返璞归真。

黄裳之一：厚德载物

　　某僧学禅日久不悟，一个月夜，提桶打水，半路上桶底突然掉落，望着水流尽的破桶，此僧忽然顿悟，写下一偈：

　　桶中有水，水中有月。
　　桶底忽脱，水中无月。

　　《无水无月》彰显出生活中错综复杂的关系，看似互不相联，却有内在因果；看似相关，却又变幻莫测。桶中的月亮依赖桶中的水，桶中无水，月亮逃走了。

　　我们知道一个响亮的标语，"知识就是财富"。当年斯坦门茨为福特公司排除电器障碍要价一万美金。并且说，不多只需 1 万美元，吓倒在场的所有人。当年福特公司月薪5美元！斯坦门茨镇定自如写下一条账单：
画一条线1美元；知道在哪儿画线9999美元。看似这简
单的一条线展示，斯坦门茨的智慧与精细的工匠精神，
在寻找画这一条线的地方，斯坦门茨爬上爬下也花了整
整三天功夫，不得不令人敬佩点赞。可以得出一条道理：
努力获取知识，才能获得财富。

但是在这个故事后面还有鲜为人知的故事。斯坦门
茨是不可多得的人才，福特公司想高薪聘用他，但被斯
坦门茨谢绝了。原因是他不能也不想离开供职的那家小
工厂。

斯坦门茨原本是一位德国工程技术师，受德国经济
萧条的影响，因为失业来到美国，举目无亲，无法立足。
后来遇到一家小工厂老板并受到重视，斯坦门茨努力工
作使小工厂日益兴旺。

斯坦门茨的谢绝更受到了福特公司的青睐，不久福
特公司决定收购那家小工厂。福特先生意味深长地说，
因为那里有斯坦门茨这样懂得感恩和有责任的人。

感恩和责任是获取知识的前提，有这个德，方能载物。

黄裳的境界，知各种关系，荣辱不惊，明白进与退微妙关系。

水稻种植，插秧是倒退。

插秧时必须低头退步，正因为低头才能看清水田中倒映的日光，虽是倒退，实质是向前。有时候退让不是消极，而是一种积极进取的态度。

插秧的低头退步的柔顺，完成了水田整齐规律的种植，如一幅巨画展示在蓝天白云下。这种美感来自于知退为进的态势。

激流勇退，也是一种智慧，一种勇气。

石油大王洛克菲勒曾说，"我确信，有大量的金钱必然带来幸福这一假设是错误的。"这位大亨甚至进一步指出，金钱像粪，把它撒出去，还可以做很多事，把它藏起来臭不可闻。

洛克菲勒对金钱有他自己独创的认识，上帝对富人与穷人时间上是公正的，一天24小时，不会因为你有钱给你多些时间化费奢侈。同样穷人和富人身体构造也一样，不会因为你有钱多一个胃，让人吃喝。更不会因为你有钱而不生病。

　　洛克菲勒对财富思考如此透彻，财富只是勤奋的副产品，对这个副产品的理解明了简单。

　　于是，洛克菲勒在他的托拉斯—美孚石油集团鼎盛宝座上，在人生中年旺盛期，在他 57 岁时自然退下来。过简单的生活，把钱撒向社会各角落，完成他的慈善意愿。

　　洛克菲勒激流勇退，从资本家转向慈善老人，这一转变保住了他的功成名就，形成回归圆点之美。

黄裳之二：自修自行

当人类成功探测到双中子量引力波，又一次掀起爱因斯坦热潮，证实了爱因斯坦百年前的广义相对论。爱因斯坦的伟大除了对人类科学作出了巨大贡献，更在于为人的品格。爱因斯坦在名利的顶峰拒绝个人崇拜，淡泊为朴实。

当年普林斯顿大学以那时年薪一万三千美元聘请他，他却说，能否少一点，给我三千美元就够了。

爱因斯坦说，"每件多余的财产，都是人生的绊脚石，唯有简单生活，才能给我创造的原动力！"

与爱因斯坦相对论理论同样流芳百世的是爱因斯坦的至理名言：

"给我勇气的是善、美、真——除此之外都是空虚的。"

令人更为崇敬的是，爱因斯坦最后立下遗言，不发讣告，不搞葬礼，不建坟墓，不立纪念碑。爱因斯坦给自己的生命划上了句号，留给后人的是一个惊叹号，留给科学的则是一个无尽的省略号。

爱因斯坦的一生可谓自修自行的典范楷模。

二十世纪八十年代日本著名的影、视、歌三栖明星山口百惠，红极于东南亚，到处可见百惠的巨幅广告，她的倩影就在人群中，她的歌声随风而来。

就这样一位巨星，就在她的事业的顶峰时期，正当21岁的青春年华之际，将她的麦克风永远留在舞台上，宣布引退，和三浦友和结为夫妇。

百惠将她作为影、视、歌三栖明星的美好形象留给了观众，永远留在大家心里。激流勇退的百惠，退在事业的鼎盛时期，退在事业还未波折之前，退在定格那张百无瑕纹的容貌之前，以完婚作自己演艺事业的元吉。

百惠的引退开启了她的人生的另一条路，一个纯粹的爱情神话诞生了，造就了一个完美的婚姻。

黄裳是一种内在的理想祈求。

黄裳元吉是人生的一个坐标。

有禅师问僧徒：

我不问你们十五月圆之前如何，我只问十五日以后如何？

僧徒笑而无答。

禅师说：日日是好日。

常言道，春有百花秋有月，夏有凉风冬有雪，一年四季各有美景，若无闲事挂心头，便是人生好季节。自修且能自乐。

"水光潋滟晴方好，山色空蒙雨亦奇。

欲把西湖比西子，淡妆浓抹总相宜。"

苏东坡的这首名诗同样表达了不一样的境界，不同的美源自不同的心态，不一样的观照，折射出多样的美感。

人生亦是如此。

守住该坚持的，放弃不该保持的，说起来容易，做起来也不难，靠的是一种信念。清静无为，坦荡磊落。

有个信徒拿着两瓶花去见佛陀。

佛陀看见了，对他说："放下"。

那人以为要把花瓶放下，他想献给佛陀，让佛陀接下。于是只放下了左手的花瓶。

佛陀又说："放下"。

那人没办法，只能又放下了右手的花瓶。

佛陀还是说："放下"。

那人有点愁眉苦展，说："我想把花献给您，现在两瓶花都放下了，我应该放下什么呢？"

佛陀说："我让你放下，不是放下手里的东西，而是放下你的六根、六尘、六识。"

佛陀所说的放下，是放下人世间的烦恼苦愁，放下了，便有了精神的解脱。

此人恍然大悟，他来的目的，不正是为"放下"而来吗？

又有这样一个故事：

一个年轻人外出闯荡，临走去拜访了当地的一位禅师。老禅师正在河边的沙地上练字，随手用树枝在地上写了两个字："无畏"。

禅师并未解释"无畏",而是说:"人生有四字秘诀,我先给了你两字,够施主半生受用。"

年轻人有点丈二摸不着头脑,感觉无趣,便走了。

这一走就是30年!乡音无改鬓毛衰。打拼这么多年,有成就也有坎坷。他终于回家了。路经禅院,他又前去拜望禅师。

老禅师已圆寂,小徒弟取出一个信封交给他,说:"师父生前留下的,叮嘱说你必来取,请施主自行打开吧!"

他觉得很惊讶,慎重接过打开,上面赫然写着两个字"无悔"。

他百感交集,"无悔"他从这里走出去,又回到这里,不就是无悔吗?三十年的风风雨雨,所有的得失不就包含在这四个字中吗?

事业需要无畏,生活则需无悔。人生在世无畏无悔中度过,心态怡然自得。善始而善终。

有佛偈云:

千山同一日,万户尽皆春。

千江有水千江月,万里无云万里天。

不计得失，不计眼前，守住的是心的纯静。如同一杯浊水，再晃还是浊，把它放下吧，放在静态容器里，浑浊则渐渐沉下来。可见清心是功德圆满之源。自己才是自己的主宰。

让我们恍然顿开，开悟的是生活的常识，禅意就在身边，美也在其间。

黄裳的境界其实就洁空心态。

空山不见人，但闻人语声。

返影入森林，复照青苔上。

空山不空，回声给了空山另一种情致。夕阳无限好，普照阳光如初。这就是禅意，这就是生命的本性，谓之归真美。

黄裳之三：我心光明

"山不在高，有仙则名。水不在深，有龙则灵。斯是陋室，惟吾德馨。苔痕上阶绿，草色入帘青。谈笑有鸿儒，往来无白丁。可以调素琴，阅金经。无丝竹之乱耳，无案牍之劳形。南阳诸葛庐，西蜀子云亭。孔子云：何陋之有？"

历史上的私利小人荒塚一堆草没了，然而刘禹锡和他的"陋室铭"流芳百世。

尽管这里没有亭台楼阁，没有高堂明镜，然而放眼望去碧绿生辉，台阶上的青苔郁郁葱葱，是庭园非庭院。

这里充满了仙气和灵气，有的是志趣相投的朋友，琴棋书画自由空间。我心自明，陋室而不陋。

那是真正的超凡脱俗。

"九曲黄河万里沙，浪淘风簸自天涯。

如今直上银河去，同到牵牛织女家。"

　　心自明为何物？我们常说人需要一点精神。

　　《老人与海》中老人说，人，可以被毁灭，但不能被打败。

　　那是一种精神，点燃心的空间，无限中一存依托。

　　王蒙小说《玉兔》似神来之笔。

　　老王梦见自己桌上伏着一个玉兔。玉兔在老王不断的观赏下，越来越可爱。这可爱发源在老王的内心，产生于老王的目光。内心的东西永胜现实，也许这正是人类精神的无限张力。

　　老王的全情投入终使玉兔活了。活了的玉兔三蹦两跳就走掉，不见了。

　　老王突然惊醒过来。

　　作为小说家的王蒙宝刀不老，故事和文字炖到火候。开头寥寥数字，意犹未尽，充满禅思。

　　现实和梦境一步之遥。

　　希望本无所谓有，无所谓无，正如地上的路，走的人多了便成了路。希望的起点和终点就像梦醒时分，唯一多了一条长长的印迹。如此想来，"美梦成真"抑或"黄粱美梦"看到的仅仅是一个成功与否的表象，难能可贵是拥有心的天地。

故事中的老王醒来后极眷恋玉兔，发誓找回玉兔。于是在有、无之间展开了一段弦外之音，耐人咀嚼。是似不是，不是似是。

"……

老伴问老王：'你这是找什么呀？'

答：'一只玉兔。'

问：'咱们家什么时候有的玉兔呀？'

答：'是呀，是有呀，你就不用问了。'

问：'我看你就不用找了。'

答：'我爱找。'

问：'我告诉你吧，玉兔早就飞升到月亮上去了。'

于是惊呼：'原来如此！'"

小说就这样结束了。

故事完了吗？此夜老王必定又梦见月亮中的玉兔，更活泼更可爱。

那么老王又怎么样？

老王必定能够产生一种从未有过的愉悦，是他成就了玉兔回归月亮，老王的心如月光皎洁明澈。

心的空间有多大，人生的舞台有多大。

"是啊，菲希尔森博士抬头仰望星空，他意识到那无限的眼神，那是上帝的属性之一，其实每个人自己，尽管自己是个弱小的微不足道的凡人是那绝对无限的实体的一个变动不具的样式，但是也是宇宙的一部分，和那些天体有同样的物质构成。

神的理性之爱，那是心灵的最高完美感觉，自己像是和地球太阳，银河系的星星，只有无限的思维才知晓的无数星云一起转动。"

辛格小说《市场街的斯宾诺莎》也让我们读懂了，重要的不是眼睛所见的，而是内心所感的。

一如王阳明所说，"我心光明，更复何言"。

万物流转于心，升华为美。

黄裳归真。返影入森林，复照青苔上。

人生第六阶——玄黄，变数之美

坤卦六爻："爻辞：上六：龙战于野，其血玄黄"。"上六"寓意一种变数。

变数是宇宙人生一切现象的真理，对人生具有积极的激励意义，因为命理变数，才能使我们脱离不满的现状。变数使生死交替，变数带给人生无限的光明，无限的生机。变数为我们的人生开拓更宽广的空间，很多苦难都因无常而重新燃起无限的希望。因此，变数才能进步，才能更新，才能生生不息；变数，蕴藏无限的生机。

打开"上六"的密码，本书从审美意义解读为：变数美。

"上六玄黄"的变数乃是自身的救赎。大凡事物发展到极致，会出现转折，人生亦如此。

玄黄之一：柳暗花明

《史记·扁鹊·仓公传》有这样一段记述：缇萦通尺牍，父得以后宁。

故事讲的是：小姑娘缇萦是太仓公淳于意的五女，淳于意不幸入狱要受肉刑，古时候的肉刑极其残酷，刺脸断肢体，淳于意对天长叹无儿为其救援。

缇萦得知父亲的情况，哭着请求要为父亲求援。后奔走长安，长书汉文帝救父亲。小姑娘以草根女儿的孝心，恳求皇上免于父亲的酷刑。

文帝阅罢缇萦书写的尺牍，被小姑娘的壮举感动，免去了淳于意的酷刑。就这样淳于意在最危急的关头转危为安。

凝似无路或有路，柳暗花明又一村。即便是龙战于野，转折回归就在瞬间。后来汉代尺牍也成了书信的代名词，成为中国传统文化的一部分。

　　李安的《少年派》讲述了一个海难故事，派的父亲想把他的动物园从印度迁往加拿大，天有不测风云，途中遭遇暴风雨，船倾刻间覆没，最后只剩派一人生存下来。

　　这段铭心刻骨的惨烈，少年派刻意失忆不愿提及，直至中年派，陈述往事却又回避了真实的情况，虚拟一个海难中人与动物之间的故事。

　　那艘小船上最后剩下派和老虎，他们从挣扎、对峙到相依为命，成为电影的一大看点，同时充满变数。

　　现实世界中可能还有另一种结局，要么派战胜老虎，要么老虎战胜派，但是这两种情况都将会加速导致各自死亡，故事完了，也就没有现在的电影。

　　李安的经典创新让派和老虎共命运同存亡。

　　派和老虎终于获救，他们回到了陆地，但是老虎连头也没回，不再看一眼派，直接回归丛林，派又回到了人世间。

　　老虎其实是一种象征。有人说，每个人心中都有一头老虎，老虎是意念的象征，派基于信念终于战胜了自己！

海难的惨烈，死去的亲人是派活下去的信念，至少为他们而活下去！即刻死是容易的，而活下去无比艰难。派和心中的老虎对抗，挣扎，相依为命。

派对天长叹，神你为何不救助我！

神能给予什么？

神给予的是信念！

信念又源于内心深处的精神力量。

一切还得靠自身体悟，精神力量源自于信念。一个没有信念的人，危机时刻不可能升华，一个有信念的人，才会升华希望为力量。

坚定信念，平息了纠结，老虎还会依恋吗，它自然消失了。

留下无限的眷恋。

精神的巨大力量又源自于自身修炼和不断体悟而非外力强加，也非各种形式的顶礼膜拜。

内心的铸就，基于坚忍不拔的信念，基于以此献身的精神，基于将生命融于对象的体悟，一切豁然开朗，峰回路转。

哥伦布发现新大陆，改变了世界近代史。

1492 年 8 月 3 日哥伦布带着他的船队驶入大西洋深处。

向西，再向西，茫茫大海哪里是岸？

10 月 10 日，不安和激愤的船员们，声称继续西行就将叛乱。

哥伦布不慌不忙，提议：坚持！坚持 3 天吧，不见陆地就返航。

绝望的尽头是希望的开端。基于对航海知识的掌握，基于对梦想的执着。

奇迹产生了，英雄就在这一刻诞生了。

哥伦布的船队发现了新大陆—巴哈马群岛！就在那一刻，割裂世界从此连在一起。哥伦布和他的船队最终发现了新大陆。

茫茫大海充满变数，坚持，再坚持，转机终将出现，变数之美照亮前程。

玄黄之二：山外山，楼外楼

一枚《松鼠葡萄》石雕，巧用美玉石角上的砂点，刻成松鼠的眼睛，果然是"点砂成睛"妙笔。这是民国寿山石雕大师林清卿的无数作品之一。

林清卿从小耳濡目染石雕艺术，年少时刻苦专研，技艺超群。但是石雕艺术的更高境界如何突破创新，一直困扰着林清卿。

人到中年的林清卿，那些年毅然放下刻刀，一头钻入图画、篆刻、书法中寻找新的意境，功夫不负有心人，山外之山露出云雾中。

"薄意"石雕喷薄而出，惊艳四海。

"薄意"石雕最大特色是"因材施艺，巧掩瑕疵"。薄意，薄如纸质图画，碑拓的浮雕意蕴无穷。普石质体多不相同，因石构思获得石外洞天。

利用石头本身的缺陷，更见天然。因此林清卿寿山石薄意雕刻，无所不及，内容丰实取材广泛，艺术构思与石质之间巧妙转换，天然洞开。

心灵六阶，"龙战于野，其血玄黄"，从一般意义上来解说化凶为吉，我们从生命的美感上来看，"玄黄"是心灵的再一次撞击，顶峰猛然转折回旋，吉外有吉。

日本电影《扁舟记》讲述了这样一个故事：

辞典编辑部主任，资深老编辑松本准备编撰一部与众不同的辞典，一部活在当下的词典。意思是：在词语浩瀚的大海中，辞典如一叶扁舟，人们靠着它渡海，寻找能表达自己心情的言语，所以名为《大渡海》。

《大渡海》辞典组成了四个精干的团队，这工作琐碎仔细，又必须认真负责，一句话编撰活在当下的辞典的工作，枯燥乏味，平淡无奇。

这中间有老编辑退休了，他们找到了青年编辑马缔，这个大男生性格内向，酷爱阅读，他木讷的外表下深藏着对词语的敏感认知，更重要的是他的一丝不苟的行事作风，为松本的团队注入了新的活力。

日子在不断收集新词语，不断编写词汇用法中慢慢流逝。有那么一天马缔遇见房东家的孙女一见钟情。

这是电影中的高潮，也是生活中的亮点，但终将归于平淡的生活。也许这就是电影的意味，也是我们引用它的意味。

生活是用心去体悟的。

最有意思的是松本知道后，让马缔撰写辞典中关于"恋"字的注释，让这个单纯的青年人，这个被爱情俘获的年青人，用他的心体悟真正的"恋"。

马缔写下了"恋"字的注释：

喜欢一人，寤寐以求，除此之外，万事皆空之态，两情相悦，何须羡仙。

十五年后《大渡海》即将出版，但是松本却因病住院，他没有看到新版的辞典，临死前手头还拿着一张新的词语的卡片。赶来的同仁们都意识到：新的修订工作明天又将开始。

生活如"恋"字，有内心的精神支撑，何须外物变迁诱惑。

生活又如松本一生，带着他的新词语而去，楼外又是楼。

荷兰人的崛起就是与他们生活息息相关，与地理环境相关。大西洋丰富的水产资源带给荷兰人生活的乐趣，在享受这份乐趣时，他们又要学会改变摸索利用资源，创造更好的生活状态。

一个名叫威廉姆·伯克尔斯的人，这个名不见经传的小渔民，在生活和工作中不断发现，不断思考，创造了一刀剖鱼法，大大加快了工作速度，工作流程。

一条鲱鱼，一刀剖鱼法，就这样改变了荷兰，改变了荷兰人的生存状态。这个看似小小的发现，改善了技术，大大加快了工作效益。荷兰的一刀剖鲱鱼，出口欧洲各国，尤其是英伦三岛，为荷兰创造了巨大的财富，荷兰人也懂得知足，富裕带来的不是奢靡，而是平静，祥和的生活状态。

朗伯伦的绘画经典的表述了一种文化底气：不为生存忧愁的荷兰民众。

发现，发现可以发现多种变数。发现，撕裂出一条缝隙，转机的曙光透了进来，豁然见美。

玄黄之三：自己的星空

康德说，这个世界上唯有两样东西能让我们的心灵感到深深的震撼：

一是我们头上灿烂的星空，

一是我们内心崇高的道德法则。

地上一个丁，天上一颗星，这是变数中的相互依存。

禅偈云：

若此生则彼生，

若此灭则彼灭。

若此有则彼有，

若此无则彼无。

一个人独自闯荡陌生的国度，他会怎样？

牧羊少年圣地亚哥就遭遇了一连串的事情。为了实现梦想，圣地亚哥从西班牙的安达路西亚原野穿越直布罗陀海峡，来到北非的丹吉尔。

他破釜沉舟卖掉了所有的羊，攒了些钱，只为去埃及金字塔附近寻找属于他的财宝。

一踏上丹吉尔，圣地亚哥就遇上了骗子，现在他身无分文。朝前不能实现梦想，退后也无法回到故土。

为了填饱肚子，圣地亚哥自我推销为一家水晶店擦杯子。

命运开始出现新的转机。

这是保罗·科埃略畅销全球的小说《牧羊少年奇幻之旅》的第一部所述，开卷便让读者领略现实和梦想的碰撞充满无常的变数。

圣地亚哥不愿如父辈那样永远呆在家乡，于是成了一个牧羊人浪迹天涯。虽说牧羊人云游四方，生活却很单调，每天只为羊儿寻找水和草原，一日复一日。

忽有一天，圣地亚哥接连做了两次同一个梦：梦中的小男孩对他说，如果能去埃及的金字塔，就会找到财宝。

于是圣地亚哥决定顺应天命的安排，开始寻梦的旅程。

这是一个蕴含寓意和象征的故事。世上太多的人一生平淡年复一年，成功往往属于寻梦的人。寻梦之旅是冒险之旅，充满坎坷；寻梦之旅也是希望之旅，同时充满变数。

水晶店就如生命中的契机，对圣地亚哥来讲证明了他自己能够生存；就生活而言，证实了一条真理：天无绝人之路。

水晶店，不仅让圣地亚哥生存下来，而且表现出他的生存才智。由于圣地亚哥开创性的见解，水晶店的生意日渐火红。在那里，圣地亚哥也看到了生活的另一面：

"不是所有的人都能以同样的方式看待梦想。"

正如店主对圣地亚哥所说，他只希望拥有去麦加朝觐的梦想，仅此而已。

用梦想来支撑生活，这是梦想的另一种诠释，找到属于自己的星空，那是真正的梦想实现。

圣地亚哥却强烈地感受到，他能够用征服丹吉尔这个地方的同样方式去征服世界。

小说在这一层面上，看到了生活的变数之美，蕴含辨证的哲理，消解了生活的多重矛盾。

一年后，圣地亚哥告别水晶店，终于又踏上了去埃及的沙漠之旅，继续他的寻梦。

"一个人越是接近梦想，天命就愈加变成他生存的真正原因。"男孩想道。

在沙漠腹地的绿洲，圣地亚哥遇见少女法蒂玛。

顷刻，时间仿佛静止不动了，世界灵魂全力地出现在男孩面前，男孩所能明白的一切就是来到其生命的那个女孩面前，不需要任何言词，少女同样也应该明白这一点。

世界上总有一个人正在等待着另一个人。

无论是在沙漠还是在大都市，当这样的两个人相遇，而且目光交汇在一起时，所有的过去和所有的未来便都失去了其重要性，这是一双唤醒爱情之手，唤醒他们共同生命之手。

第二天在井边，少女对男孩说，从童年起，她就梦想沙漠会给她带来生命中最大的礼物，这个礼物终于来了，——那就是圣地亚哥。

女孩告诉圣地亚哥，沙漠的女人期盼的男人就像能移动沙丘的风那样自由行进。她们也能在云朵之中，在动物身上和泉水里面看到自己的男人。

男孩感动万分，法蒂玛是他梦想的一部分，但他不太理解没有占有欲的爱情。也许沙漠能够解释一切。沙漠造就了沙漠女人特有的温婉与豪爽。

如果说故事前半部分叙述了物质生活中辨证的相互作用，那么后半部分描述了非物质性的精神。假如没有唤醒爱之心，或许人类的梦想也就没有太大的意义。

爱是一种力量，是属于自己的星空，这种力量可以改变和完善人类的灵魂。它乃是所有造物的一种反射，同时又有自己的冲突和激情。因为当人们爱的时候，总会觉得一切变得要比原来更好。

圣地亚哥为了让法蒂玛早日等到他的归去，这个信念支撑着他，一路战胜险恶，终于到达金字塔。

小说的结尾足以展示大师之笔，圣地亚哥顺着梦境选定的地方开始挖掘宝藏，遭到一群难民的拳打脚踢。后来领头的知道了原由，便松手对圣地亚哥说，两年前他也同样做了两次梦，让他去西班牙的原野上寻找一座倒塌的教堂，在一棵埃及榕下埋藏着财宝。那头领说，他不会愚蠢到为了两次梦而穿越一座沙漠。

男孩艰难地站立起来，再次朝金字塔望去，心里充满了幸福，他找到了答案。

圣地亚哥又回到了安达路西亚原野，那座他熟悉的早已废弃的古老教堂，是他牧羊时经常过夜的地方，就在那棵埃及榕下，男孩发现了属于他的财宝，属于他的星空。

圣地亚哥从这里出发，又回到这里，实现了他的梦想。假如没有这趟沙漠之旅也就不会遇见水晶店主，更不会遇见法蒂玛，这是天命的必然安排。

若此有则彼有，　若此无则彼无。

万物为一。

圣地亚哥笑了，风带来了法蒂玛的吻。

玄黄，变数之美，横看成岭侧成峰。

第二篇，心物交流

审美开启了精神愉悦的航程，
在这个航程里，
审美之心和物之对象间相互依存，
唯见心与物的交互。

引子

姐弟俩站在沿街的石库门前，抬头望去围墙很高，姐姐踮起脚尖敲了一下门把手，不一会里边就有响动，

"来了！"

开门时小弟随手推了一下，木门好重啊！和他们家的弄堂房子有点不一样。

门拉开时，姐弟俩以为这是公园呢，墙上挂满了爬山虎一片绿色，地上错落有致地摆满了各种盆景，天井其实很小感觉却又特别开阔，姐弟俩左顾右盼，舍不得挪动脚步。胡家伯伯拉着姐姐的手，胡家姆妈拉着小弟的手，把他们迎进客堂里。

那年姐姐 13 岁，小弟 11 岁，因为学校不上课了，妈妈让他们去找胡家伯伯练习书法写写字，这样既让姐姐看管小弟，也不荒废年少时光。

胡家伯伯和胡家姆妈笑眯眯地看着姐弟俩特喜欢他们。坐定后，胡家伯伯拿出旧报纸摊在八仙桌上，随后开始研墨。

小弟看着来劲了，"我来，我来"。

胡家伯伯说："那好。以后这个研磨的任务就交给你了，不要看着好玩，这是写字前的准备工作，让心安静下来。"

对于11岁的男孩来说，能安静下来是关键的，胡家伯伯摸摸小弟的头。

胡家伯伯提起毛笔时扮了个鬼脸，引得姐弟俩哄堂大笑，胡家伯伯却一本正经，写字要字帖，可惜家里珍藏的字帖都没有了，还好有一部分留在他自己的脑子里。

胡家伯伯说，只能用他写好的字当字帖，他写好后让姐弟俩带回去临摹。那天胡家伯伯写下了柳宗元的《江雪》，这是姐弟俩第一次知道有这样一首唐诗叫《江雪》：

千山鸟飞绝，万径人踪灭。

孤舟蓑笠翁，独钓寒江雪。

《江雪》是胡家伯伯特别喜欢的一首诗，他边写边向姐弟俩解释了一下。

小弟有点调皮，这么冷的天，鱼怎么会上来啊？老伯伯钓什么呢？

姐姐想了想，老伯不是钓鱼，是钓雪。

雪也能钓？小弟反驳。

于是姐姐和弟弟你一句我一句逗起嘴来，胡家伯伯笑了，你们以后慢慢会懂得，钓鱼？钓雪？区别在哪里。

现在开始学习写字吧。

胡家伯伯教姐弟俩写的是欧体，唐代书法家欧阳询的字体，比较方便孩子初学。欧体的关键是每笔圆正，字的长短合适，粗细折中。胡家伯伯让姐弟俩回去每天写一张，拿出为他们准备好的报纸，姐姐看到报纸上画好的临摹的方格虚线，惊叫起来，"胡家伯伯您用尺一个一个画出来的呀？！"胡家伯伯笑了，如果报纸上的字写好了，还想写，可以用毛笔蘸水在桌子上写，也是很好的练习方法。直到今天，姐弟俩还用这个方法，保持笔不离手的好习惯。

书法讲好了，胡家伯伯开始讲故事。胡家伯伯喜欢讲故事，有着一肚子故事。原来小弟不想写字，从第一天起，胡家伯伯的故事吸引了小弟，从此不离不弃。

那天胡家伯伯讲的故事说的是，有个挑水夫专为人家挑水，他肩上的两只桶一只是好的，另一只有点漏水，每次挑到人家处就只剩下大半桶。半年过去了，破桶终于憋不住了便对挑水夫说，主人你为什么不把我的桶修好，每次我都觉得很惭愧掉了那么多水。挑水夫说，明天路上你自己看吧。

第二天破桶注意到了，它的破桶水滴下去的路上开满了花和草，破桶很是奇怪。挑水夫说，这是他撒了一些种子，破桶的水滴一路浇灌，花草便茁壮成长，风景这边独好。

破桶破涕为笑，为它自己高兴，破了的桶居然还有意想不到的收获。

姐弟俩听得津津有味，却又眨巴着眼睛，小小年纪还不能领会人世间有那么多意想不到的事情，那么多可以转换的事情，破桶变成了好事……

这天胡家伯伯讲的故事和《江雪》，深深植入姐弟俩脑中。钓鱼和钓雪；好桶和坏桶，伴随他们不断的思考。后来，他们渐渐从钓鱼和钓雪的区别中，领悟到生命中的一份坚持。又从好桶和坏桶的转换间，理解了生活中没有简单的绝对。

　　每每这时胡家姆妈总在厨房里忙碌，在那个年代她也总能变戏法一样做出精致的点心来。有时一碗羹，有时糯米小圆子，更好的时候是春卷，一只咸，一只甜。

　　也就是从那个时候起，姐弟俩懂得了一个不变的道理，生活是用心体悟的。

审美心理探秘

　　木马在希腊传说中是神圣的祭品，这为后来的故事提供了元素。

　　相传希腊与特洛亚之战，火攻拿不下特洛亚，希腊人便使用了木马计。他们特制了一匹大木马，将精兵藏于木马的腹内，派人诈降，送上木马。特洛亚人得知希腊军潜逃，大喜。准备将木马移进城内，供奉雅典娜。

　　此时一个名叫拉奥孔的勇士跳出来反对，并用他的长矛直刺木马。这下激怒了偏袒希腊人的海神。蟒蛇便在海神的召唤下，迅猛袭击了拉奥孔父子。

　　于是有了诗人维吉尔的宏伟史诗《伊尼特》。此后公元 1506 年，人们在罗马废墟里又发掘出"拉奥孔雕像群"。这样，同一个故事有了诗与画不同的表述，汇聚成一个恒久的美学命题。

莱辛在其论著《拉奥孔》中，详尽了诗与画的美学分界。绘画在可以眼见的事物上，展开空间想象。拉奥孔雕像群所选的正是蟒蛇缠身的这一瞬间——死亡之前的极度痛苦。

静态，是绘画的美感所在。

诗则通过动作去暗示物体，在时间上作承续的想像。唯吉尔在《伊尼特》中这样描写：

……两条大蟒蛇，

冲着波涛，头并头向岸边游来；

……听得见它们激起浪花的声音；

它们爬上岸，两眼闪闪，血红似火……

诗的连续描述，化静为动。流动，便是诗意的美。

诗的激情将物态的东西转化为审美的流动。绘画与雕塑只是将流动的物态，定格瞬间形成静态的审美。

我们从人生六阶感性的审美基础上，本篇再作审美知识通解，先从个体心理探秘审美的奥秘，静与动，虚与实的关系。

心之底基——感知觉

感知觉是什么？

上海老城厢纵横交错的弄堂和小路，我的不可抹去的感知印象，一生的回味。

净土街上有个民间乐团，经常演奏江南丝竹。音乐声起小孩们就会奔向那边，那户人家的天井上面搭起了一个顶蓬，敞开的石库门围起小栅栏。我们就趴在栅栏上听江南丝竹，紫竹调是保留曲目。

后来慢慢知道紫竹调是最具江南特色的民间小调，流传千年。尤其是梅雨季节，丝丝雨声点点滴滴，像似紫竹调的背景天幕，琵琶的轮子，滚动出流水人家的柔顺和宁静。

江南丝竹弹奏的清一律叔叔和伯伯，身着银灰的长衫，温文儒雅，

一曲终了，那户人家的女主人便走出来，身穿漂亮的

紫色旗袍，斜襟上戴着一朵白兰花，每次看到她点燃一支香，然后捏起拇指和指食，弹一弹灰，那白而细长的手在空中划过，就像音乐的弦符，无声胜有声。

檀香散发出淡淡的香气，混合于江南丝竹音乐声绵绵流淌心间。

江南丝竹，成为我感知听觉强烈的一部分，紫竹调就是最好听的乐曲。

夏天我们喜欢玩耍的地方亭桥街。短短的一条小马路，我想那里原先肯定是一座桥，桥上也许会有桥廊可供憩息，让人遐想。

我们喜欢亭桥街，因为街的中间，也就是桥廊的位置，那户人家的天井里长满了各种花草，尤其是一枝茂盛的夹竹桃，每当夹竹桃盛开的季节，总有一朵粉色艳丽的夹竹桃花挤出墙外，远远的就能看见这朵花，顿使亭桥街生机盎然。

我们也好像为了这朵花儿而去，小姑娘们议论纷纷：

为什么就一朵挤出来？

它就是为了让我们看的。

大概花朵在里面也很孤单吧。

没人欣赏才不高兴。

……

每逢听到我们的声音，穿着长衫的阿公就会把门打开，笑眯眯的对我们说，小姑娘们来啦！正在院子里忙碌的阿婆拿起她自己串好的白兰花，帮我们一个一个的挂在胸前。这个时候我们闻着白兰花的清香好开心呀！

谢谢阿公阿婆！声音回荡在亭桥街上，更显夏的热烈。

夹竹桃，镌刻在我的感知视觉的影像里，成为永不凋谢的花朵。

秋天　除了黄昏看火烧云，最有意思的是秋风一起，望云路靠近蓬莱路那一段一字排开了大闸蟹的摊位，摊位上还挂起了灯泡和灯笼，就像过年一样的热闹。

买蟹的人唱着小调吆喝着，一边用左手抓起蟹背，然后嘴里咬着绳子，右手用绳子把蟹脚捆绑起来。那种麻利的动作，悠闲自如的神态，让小孩们看得如痴如醉，垂涎欲滴，仿佛已经闻到了香喷喷的蟹味。

后来有一次我们几个女孩子拿出自己的零花钱，买了几个大闸蟹，让姆妈为我们烹煮，就我们几个孩子嘻嘻哈哈的闹着吃。父亲还帮我们取出蟹盖里的法海和尚，吃完后又教我们把蟹钳摆放成一只蝴蝶。蟹的趣味就这样烙进记忆深处。

那次的品蟹也成为我感智味觉中醇厚的特殊味道。

无怪乎，鲁迅也有这样的记忆。

鲁迅如此写道："真的，直到现在，我实在再没有吃到那夜似的好豆，也不再看到那夜似的好戏了。"

这是鲁迅在其小说《社戏》结尾的感慨，那夜的豆，那夜的戏，深深置入少年鲁迅的心中。

事实上无论是鲁迅还是世上任何一个成年人，不管去到哪里，不管在世界的哪个角落，也不管生命的渐老渐衰，永远不变的就是少年的感知，少年的情怀。

生命始于感知觉，感知心灵也是审美基因，从这个层面来看，儿时感知充满审美意味，因着儿时感知的纯真，形成文化底基，成为个体审美的基因。

《社戏》因着少年鲁迅的感知，充满童趣，句句真切，美得化不开。孩子们嬉闹着撑船而去，身后母亲的那一句"小心！小心！"撼动普天下的读者。

母亲，古今中外世上所有的母亲，挂在嘴边的永远会是那句"小心！小心！"在这"小心"里边有母爱无尽的甜蜜的牵挂。

外婆家的小桥流水，外婆家的少年伙伴，外婆家的一菜一汤，都能流转此生此世。

一生一世的感知觉基于一朝一日的生命滋养。

源于中国的那片树叶，茶叶的故事，从它诞生的那刻起，浸润了生命元素的美感。

那一年，公元前200年间，也像今天一样的一个普通的日子，少年吴理真带上工具一清早又出发了，在雅安的蒙顶群峰间为母亲寻找草药又随带捡拾柴禾换米糊口。

那一日，正午太阳焦灼下的吴理真饥肠辘辘，口渴似火，疲乏至极。无奈之下他顺手采摘了一棵野树的叶子送进嘴里咀嚼，没想到忽然间口渴即止，困乏也消失了，精神大爽。吴理真好生奇怪，便又采摘了一些带回去。到家后便用开水冲泡让母亲喝下，不一会儿母亲也觉得很舒坦。

这以后的日子，吴理真每天都要去采摘这野树的叶子，冲泡给母亲喝，不久，老母的病痊愈了。

消息不胫而走，左邻右舍的乡亲们都来要这树叶冲泡水喝。吴理真更辛苦了，起早摸黑为了让乡亲们都能喝上树叶水。

渐渐吴理真萌发了一个念头，为什么不种植这野树的叶子呢？

只这是一种想法，从想法到树叶的存活，不知付出多少艰辛，也不知经过多少次的失败，反反复复种植浇灌，浇灌种植，不屈不挠。

终于这片树叶存活了，今天蒙顶山上"皇茶园"内，吴理真亲自栽培的七株仙茶依然在那里。吴理真也被誉为"茶始祖"，开启了中国乃至世界上茶的种植。

源于中国的一片树叶，茶叶的故事，从它诞生的那刻起，浸润了生命元素，经历生命的甜酸苦辣，生命的种种滋味。没有感知的积累，茶叶无法存活，顽强的生命力赋予茶叶活力，也因此茶叶浸润审美的元素。

至此就审美感知觉再作理论提挈。审美感知觉，一脉相传人类的遗传心理基因，突出了它的整体性和超感性。同时展露个体经验的积淀，显示出明锐的选择力，和浓厚的感情色彩。

心之桥梁——想象

那一次去伊斯坦布尔，随处可遇猫咪，猫们一个比一个漂亮，干净、优雅、从容。与猫儿对视，猫的淡定让人恍惚，那猫是真是假？

后来知道，伊斯坦布尔是猫咪的天堂，伊斯坦布尔人相信，猫是人类与上帝之间的桥梁。也就是说，人类的局限可以通过猫之桥梁，接触看不见的真实。

猫的灵气赋予了猫的特殊使命，伊斯坦布尔的人尊崇猫们，随身都会携带猫粮，款待猫咪。

猫之桥梁感受人类心之桥梁，想象就是审美心理的桥梁。

想象是审美的翅膀，联结现实与虚幻。借助想象，拓宽人类思维局限，想象之桥能够抵达浩瀚世界的任何一个点。

伊斯坦布尔，一座想象之城，行走在纵横交错的伊斯坦布尔老街，不知不觉就迷路了，仿佛穿越时空，回到了君士但丁堡，不知今夕是何年。

这种迷离的魅力，在托普克帕老皇宫尤为强烈。一座皇宫，面对着一条海峡，连接两个海域，横跨两个洲的版块，在这世界上，也只有托普克帕了。

站在老皇宫后宫的长廊，面对博斯普鲁斯海峡的潮汐，感慨老皇宫的气势，低调的典雅和庄重。

忽然间瞥见友人摄下的景象，一个背影，面对海峡，一条灰色的披肩从头至脚跟，寂静而优雅，不知何时进入镜头，神秘的美感油然而起。一条披肩，一个背影，她是实在的又是缥缈的，连接起老皇宫的过去与现在，历史与自然。

想象的魅力无处不及。

神秘刺激想象，想象又使神秘变得扑朔迷离，这种扑朔迷离，恰是艺术的某种蕴寓。

如果说，伊斯坦布尔随处可触的历史迹象，开启想象之门，那么埃及的卢克索古迹就如想象的腹地。

置身于卡纳克神庙，仿佛进入了造梦的空间，湛蓝湛蓝的天幕似背景，那些庞大的石柱石块，造型迥然不同，像似为梦境而设置，为艺术而产生。

资料记载，卢克索古称底比斯，是古埃及帝国中王朝和新王朝的都城，兴建于古埃及帝国第十二王朝，距今已有 4000 多年历史。为神而造的神庙，经过无数的天灾战火，依然没有完全被湮没，成为当今世界上最宏伟的露天博物馆。

在这里你能强烈感受到神奇的力量，你会突然觉得你只是一个赤裸的人。你是那么的淳朴，又是那么的渺小，在阳光的阴影下，在石群的缝隙里，一切都是那么的虚幻。

在这里，在卢克索的造梦空间里，你不必去探究有什么真正的含义？没有一个确切的说法。

答案就在你我各自的心中，就在想象的无限的空间。卢克索的柱子石块，抬头望去刚劲强大，转眼又是庄严肃穆，迴眸则妖娆妩媚。想象，在这里达到了尽情的释怀，绽放成一种美的享受。

卢克索，一个想象的舞台，所有的一切都是道具，而真正的演员就是游客，就是每一个观赏者。在那个空间里，你会激奋，你会丢弃所有尘世的烦恼，你会忘记一切，忘乎而所以，袒露人性。

此时此刻裸露的人性是因想象的缘故，想象，让你在这个造梦的空间里，感受艺术，感受审美，到达精神的高峰体验。

其实，人的本性原本就超然于世俗之上。

想象之桥搭建心的空间，还原人的天性。"本来无一物，无一物中无尽藏。""无尽藏"寓意想象的无限张力。为此美学理论把想象比喻审美的翅膀。

当年千利休教导儿子打扫庭院，儿子扫了一遍，千利休说没干净，儿子又扫了一遍，仍说不干净。就这样一而再再而三地做了许多次。

最后儿子说，"父亲，再也没什么事可以做了。"

千利休笑了，无言以对。

他站起身走进庭院，随手摇动了一下树枝，瞬间飘落下一片金灿灿的树叶，这秋景的断片顿使庭院充满生机，更显洁净和静谧。

想象，赋予了打扫庭院这一对象无尽的审美空间。

　　回看审美心里的想象元素，想象力的丰富，基于感知觉的厚实。借助想象的超常力，我们可以在现实与历史间穿插。想象的创造性和超前性，极大丰富了个体与对象的空间。

心之趋力——情感

情感是什么？

从审美心里理论解释，情感是审美的动力。道理很简单，却又很抽象。情感的动力如何产生？又如何作用？

我的写作，卡在情感上⋯

一日睡觉，躺在暖心的床上，豁然开悟，情感其实就是温床。寻常巷陌，生活的点点滴滴，汇聚情感之渠，喷涌而出。

情感，是审美的关键，亦是人性柔软的温床。这温床，或草垫或棉絮或羊毛，亦或绵伦莱卡，铺垫成各式暖暖的温床。铺垫起来的或者说积累起来的情感，就是生活中的点点滴滴，形成审美共鸣之源。

点点滴滴的情感很多是难以言传的，其难以言传的原因正是在于情感的本质，越是试图去深入解释和分析，越会失去对其本质的感知。

我的笔触，就从张妈的故事开始……

张妈是小时候母亲家的保姆，一个苏北妇女，大嗓门，不识丁，并且是半小脚，想必是辛亥革命放了的小脚，因为用脚跟走路，咚咚的一阵风。

张妈挂在嘴边的一句话"滑滴滴"，意思是要打扮干净体面，头发梳得滑滴滴，衣服穿得滑滴滴。张妈身上的衣服干干净净，更何况我们全家的衣服了。那时候张妈穿的是斜襟衫，腋下总插上一块手帕，看上去干净利落，又别有滋味。但是斜襟衫坐着时很容易褶皱，站起身张妈总要先把衣服拉拉直。

张妈常说家务活做不完，直到现在回想起来，都好生奇怪。张妈哪来那么多时间，仿佛生了三头六臂，一家子六七口人一日三餐够忙的，那时没有大肉大鱼，餐桌上还不间断的有小鱼虾、龙头烤等等。特别是面拖小黄鱼，油很少只能小火一根根煎，美味可口，却要花多长时间啊。

如此张妈还能挤出时间为全家做针线活，每逢过年我们都能穿上张妈一针一线做成的花罩衫。更令人不可思议的是张妈还要利用碎片化时间纳鞋底，每个冬季全家都能穿上张妈亲手做的新棉鞋。

张妈蹬着小脚去布料市场淘宝翻花样，去年是呢质的蚌壳棉鞋，今年是灯芯绒的系带棉鞋。棉鞋的帮面柔软而弹性十足，是踢毽子的上佳款，羡死了小伙伴们。

每每煮饭时张妈会多放点水，米潽了就把水舀几勺放进碗里，奢侈地放上一点糖，这叫"米凝汤"，张妈说，营养好长身体。的确很好喝，回味无穷。

那年代没有零食吃，漫长的冬季肚皮咕啰啰，最有意思的张妈会在冬季下午生起煤炉放在房间里，烘年糕。

那个时候邻家的孩子都会来，大家围坐在煤炉边暖洋洋地无边无际闲聊，或轮流讲故事说笑话。闻着年糕嗞嗞响，香气扑鼻，张妈还会取出小碟子放上一点糖，让大家拿年糕沾上一点点，好吃极了。

我们家的邻居男孩居多，有时候男孩们赖着不走，张妈就从楼下灶披间转移到房间来切菜，张妈一言不发却似耳听八方，觉得到时间了，猛然间将菜刀在砧板上一敲，"哐当"一声逐客令，吓得男孩们一溜烟都走了。

但是男孩子们仍然喜欢张妈，下午又来吃年糕。

　　细细想来张妈犹如叱咤风云的将士，在厨房和厅堂间周转，那一声"哐当"刀板响恰似温柔的提醒，只为了我们几个女孩，那份关爱，那份体贴，发自心底。情到深处自流淌，美得心醉。

　　张妈的故事，不见波澜壮阔，琐碎之中显温情，大凡真情流露的情感，就是审美的源泉。

　　于是也就想到了朱自清的背影。

　　火车站，父送子别的一幕，古往今来皆有之，普天下的父辈与儿女都能感受此景此情。

　　父亲的喋喋不休唠唠叨叨，依依不舍泪眼汪汪。儿女们呢？有的此时能接受，有的却接受不了，但也留在了心里。不管怎样，此生绵绵父子情。

　　当看到父亲拖着笨拙的身体爬上爬下只为那几个桔子，并毫无保留全都放在儿子手中，顷刻泪崩了。柔软的情怀击碎人间炎凉。

　　无怪乎《背影》经得起时间冲刷和凝练，日久而弥新。

　　有人说，背影中的父亲很伟大，这伟大出自平凡，平凡至极而伟大。因此平凡而真切的情感就是审美的力量。

美学上所述审美的动力源自于平凡的情感。再从审美心里上对情感作梳理，如果说，情感是审美心理的动力，那么，无私和付出就是情感的源泉。在这一源泉里，酝酿出生动的审美趣味。

没有情感，也就无所谓审美的趣味。

心之感悟——理解

我们以李白与苏东坡的诗篇为透视镜，剖析审美心理的理解。

同样是写庐山，李白《望庐山瀑布》诗云：

日照香炉生紫烟，

遥看瀑布挂前川。

飞流直下三千尺，

疑是银河落九天。

李白描述了庐山瀑布的自然景观，诗人的超级想象，源自于对自然本质的探究，自然之景是超自然的神奇力量宇宙之手，抑或大自然的鬼斧神工赋予了庐山瀑布，因而诗人笔下的庐山瀑布也就具有了十足的仙气。

"疑是银河落九天"，天河下凡人间，仙气浸润人间山水，回肠荡气。

俗话说，山不在高，有仙则灵。超自然的神奇力量赋于自然景观之美。

苏东坡的《题西林壁》诗云：

横看成岭侧成峰，

远近高低各不同。

不识庐山真面目，

只缘身在此山中。

同样是描写庐山，苏东坡的指向是观景，一个"观"字，开启另一层景色，横看成林侧成峰。此诗的名句"不识庐山真面目"，成为凡尘中人生的警句。

可以这样说，李白的庐山诗以仙气著称，苏东坡的庐山诗则是人世箴语。

如果说李白的庐山之缘是超自然之手，充溢仙气。那么苏东坡的庐山之缘则是观景之人。人之眼形成了景的丰富多彩，移步为景。但是景之缘的核心"观"的本质是什么？景与景的相承，观与景的相依，如此大大拓宽了"观"的局限，观的真正本质不在此山中，而是观景人的内心。

想起埃克苏佩里《小王子》中那句经典名言："狐狸对小王子说，正是你在你的植物身上花费的时间，让她如此重要。"

小王子明白了地球上花园里的玫瑰和他的星球上的那一朵玫瑰的不一样。

理解就是感受不一样的感受，一千个人读哈姆雷特就有一千个哈姆雷特。

且读《怀念狼》：

首先，人物——审美

荒野，三个男人在暮色里疾行……

《怀念狼》故事的真正开始和高潮落在这里。傅山舅舅，记者高子明，还有"烂头"穆雷。这三个人为寻找最后十五只狼，做告别留念，跋山涉水。故事听来就有点悲壮。

很早以前看史泰龙演的《第一滴血》，心想好莱坞真能拍电影，没有女人和爱情作辅料，一个男人照样一台戏，且精彩勇猛。读《怀念狼》亦有同感。

尤其是"烂头"，按社会规范分析，"烂头"稍有出格，喜欢拈花惹草，但就这个人物使悲壮的行动盎然生趣，在腌臜上涂就一抹亮丽，甚至让生活流动起来。

"烂头"的美感在哪里？

"烂头"绝不讨人厌，尽管有些不良习惯，但不猥丑，就像一首小诗，源于生活又是艺术。且看"烂头"此番行动的出场：

"烂头在城外的十字路口上等着我们，他靠坐在柳树下，面前是一个铺盖卷儿，一个酒壶，肩头上立着一只猫，猫认真地把他的头发向后梳理。"

"烂头"颇有古风之韵，又是很现代的。"烂头"给猫取了个名字叫翠花，是因着初恋的女人叫翠花。

于是这一行三人，外加细狗富贵，女猫翠花，浩浩荡荡出发了。有点像西游记，有点像鲁滨逊漂流记。

"烂头"是个爱戏谑的人，总不停地说些有趣的话，或作贱自己而取乐同伴。"烂头"津津乐道自己的艳史，声称除了老婆之外还有两个相好，并绝对诚实坦言，晚上常梦见恋人。真要感激"烂头"，驱赶了一路的枯燥与乏味。

"烂头"一生离不开狼和女人。捕狼是他生存的手段，

女人就是生存的基点。"烂头"天生就爱和女人搅和，
所到之处均受女人的青睐，这证明了"烂头"的魅力。"烂
头"和女人眉来眼去，毫不掩饰。更有甚，"烂头"居
然偷了高子明的金香玉去讨好女人，隔天再买了廉价挂
件索还。随将金香玉仍在墙角边上，招呼子明去捡。"烂
头"称得上机关算尽为女人。

"烂头"的小花头不伤大雅，反使平淡无奇的岁月
多了点诗意的回味。特别是相对静止的荒野乡村，一路
上"烂头"荡起的涟漪，至少让生活有了点动感。

小说读到这个份上，作者本人的思想观念早已淹没
在字里行间。这才是真正的小说。正如贾平凹自己所说，
"如果文章是千古的事——文章并不是谁要怎么写就可
怎么写的。这是一段故事，属天地早有了的，只是有没
有夙命可得到。"

贾平凹没有让"烂头"做什么，"烂头"自己表现
了自己。我们可以通过西游记中唐僧的三个随从作比较：
孙悟空、猪八戒、沙和尚，他们的动物性决定了他们的
夸张性。孙悟空的机智与不安分，猪八戒的逗趣与贪恋，
沙和尚的谨慎与迟钝，组成了人性中美与丑的强烈对比。

　　"烂头"则是活生生的人，"烂头"形象的审美正是"烂头"毫不掩饰，毫不夸张的原生态。因而"烂头"的某些缺点，决定了"烂头"这个人物形象的真实性的审美意义。

　　现在"烂头"赖以生存的狼将不复存在，但还有女人。就像"烂头"自己所悟，上半世他打狼，下半世他被女人敲头。也许"烂头"的女人们均可能是狼的转世。不管怎样，女人是"烂头"作为凡夫俗子的福份与希翼。

　　傅山舅舅则不同了，与"烂头"相比似乎可怜得多了。有人说，英雄凌驾于平凡之上，决定了英雄的孤寂和悲壮。傅山是当之无愧的捕狼英雄。傅山不平凡的一生，注定了傅山远离红尘的悲壮。傅山几乎没有天伦之乐，但傅山并不为此而悲，这正是傅山孤傲的英雄气概。

　　傅山因狼而生，依狼而存。以"自然资本论"分析，提供人类生存的物质基础是自然赋予的财富，而不是靠工业生产的产品，更不是靠财资。傅山舅舅倒是最好的例证。傅山与狼不可分割同时不可调和，傅山的生命就是狼的天敌。没有狼，傅山则不成为傅山。反之亦然。

　　但作为男人的傅山是极其悲哀的。傅山一生没有女人，他也不需要。自慰成了傅山自然衰退的一个迹象。从诞生起，傅山就不是一般意义的傅山。

现在狼迅速消亡，是捕猎后果？还是生态变化？亦或两者均为。最最致命的——狼没有了！傅山的躯体遭受前所未有的变化，这对傅山可能又一种安慰，因为他注定不能享受红尘。就像那张狼皮，狼的形体早以烟消云散，灵魂却依附于皮上。傅山也将随狼而去。傅山就像一尊蒙难的雕塑。

傅山渐变为人狼其实并不可怕。这是一种变异，自然对人的异化。当人类将自己、将生命彻底融化于自然之中，就已经异化了。生命是自然的一部分，正如人是社会的人。这种周边环境和关系决定了人的异化程度。

生命的意义或无意义，在于生命的周而复始，不断轮回之中。生命的价值也许更在于，现阶段生命的一次性。我们需要英雄，同样渴望享受生命的每一天。凌驾于现实之上的英雄与生命的享受成了不可逾越的鸿沟。

仅从这一点，"烂头"是欢乐和可爱的。傅山的痛苦，恰恰又是建立在他自己所创的传奇之中。

那么高子明呢？

　　高子明既没有"烂头"那般洒脱，又没有傅山那份沉重，子明忙忙碌碌奔波于红尘，似有思想头脑，然而均为人云亦云稍纵即逝。社会理念的惯性将高子明的一切冲动荡涤的无影无踪。

　　高子明怎么可能有"烂头"的忘情愉悦？太多的规章制度条条框框，锁定了他的趣味，城市的钢筋水泥，早就凝固了他的激情。高子明也不可能成为傅山式的英雄。傅山对狼的专注与痴迷几近癫狂，那种爱恨交织不可企及。但高子明并不平庸，他的不平庸又导致了他的可怕性。渐而变异的高子明，正遭遇看不见的手侵蚀灵魂。

　　好在高子明最后也能声嘶力竭喝叫："我需要狼——！"需要狼，虽是一种表象，至少高子明开始喝叫了。

　　其次，性——激情

　　小说中写道，根据施德介绍，世界上最孤独的动物应该是大熊猫了，它们几乎都单独生活，性欲近乎没有，在短暂的发情期一定要遇见配偶，遇见配偶并不一定就发生交配，因为它们交配表现出的不是一种欢悦而是万分痛苦，即便交配了能否怀孕希望也微乎其微，怀孕了，一百多公斤的大熊猫母亲产下的婴儿仅仅十克，存活率也只是百分之十。

……"

这段文字令读者大开眼界，如同作者的震惊一样。首先想到了狼，接着就想到了人，人类有一天会不会也沦落到这种境地呢？

狼就不同了，"狼之十一号高仰了脖子嗷叫起来，声音锐而干，音节里应该算是高八度，而且一长一短，又一长一短，这是在发情！"傅山说。果然另一只狼在石梁脊左边的一棵树下出现了。两狼靠近，尾巴都翘起来，像高举的鸡毛掸子，欢乐地舞蹈。

狼的欢乐和熊猫的痛苦形成了致命的对比，既是偶然又是必然的性欲轨迹，让人不得不思索有关性的生命本源的命题。

也许狼之凶猛和精明与它的发情不无相关，而大熊猫的愚笨乃至它的珍稀，却又建立在交配的痛苦之上。不懂得欢乐与痛苦的熊猫，其生命意义又是什么呢？尽管它被人类视为珍稀，人类是否将自己的意愿强加于熊猫，守住地球村的一道风景线。

更为叹息的是，狼如此发情，品种也渐而稀少，同样沦为人类保护的对象。那么，狼与熊猫的性欲指向，不又殊途同归了吗？一种怀疑正悄悄诞生。在小说文字展开的过程中漫溢出来。

徘徊于怀疑之中，最终发现故事之外的怀疑。

人类除了想当自然的主宰，也想主宰他人。其实只能是另一卷的天方夜谭。自然有着自然的生息规律，人类现有的智商还难以破译其奥秘。

雄耳川人与狼搏击的历史象征了这个意念。狼灾之后，雄耳川地区狼特别多，雄耳川人口也特别旺。捕狼队全盛时期刺激了狼的凶猛异常，反而又促使雄耳川人丁兴旺。狼与人就像一条无形的链。现在一切都悄然变化，面对野生动物大幅减少，人类有点不知所措。即便是克隆，也不过制造一堆假象而已。

还是顺其自然吧。

《怀念狼》虽说是写动物，我们依然感受到贾平凹的笔触所指人类的性。尽管性是一个敏感的话题，但此番贾平凹所云之性，超越了性而写性。这已不是一般意义上的性了，乃是性外之性，性中之性。

《易经》泰卦——论阴阳交泰。泰卦象征交泰：阴气往上升，阳气往下降，吉祥而亨通。

当年贾平凹写《废都》，男女之欢可谓红尘之性。《怀念狼》通篇没有表述情与爱，却也与性息息相关。性，在贾平凹的笔端，从狭义的延续生命，提升到广义的生命搏击。

如果性仅仅是为了繁衍生命，那么试管婴儿竟可替代夫妻生活。亚当、夏娃偷吃禁果至今，人类一直犹豫于性的两难之中。享受与惩罚同时煎熬着人类。现代生活的过于精致和制度化，性，也与以往大不一样了。难怪贾平凹写到："有资料表明，现代一个正常男人排精量比起五十年前一个正常男人的排精量少了五分之一，浓度也降低了百分之二十。"

这是人类的进化还是退化？

阴阳通泰之性，既是生命延续的通道，又是生命搏起的支点。就这个层面感受生命的意义和生命的动力，愉悦之性和生命搏击之性，同样是激情的源泉。如此看来，"烂头"和傅山处于两点或两极，"烂头"的愉悦之性、傅山的生命搏击之性，展示了性的无穷魅力。

　　分享了《怀念狼》，我们可以领会到理解如方向盘，方向盘握在自己手中，安放在心的转盘间，对象只是一个现象，方向的指向能够开启多个视窗，驶向遥远的天际，产生无尽的审美愉悦。

　　审美心理的最高层次理解，概要阐述审美理解，它是一种理性认识，而这一理性认识是在感知的基础上，展开想象的翅膀，并在情感的趋力下升华对象。审美的理解，捕捉或展现生活本质的必然的内容，赋予对象无穷的意味，在审美中感受对象看不见的本质。

回　放

一、感知觉，审美基础

感知觉是阅读的基础，也是人类心理的基础。生命始于感觉，人通过感官接触对象从而感知对象，没有感知觉，也就无所谓生命。人类在生产劳动实践过程中各种感觉器官与感觉能力不断的进化，开始有能力进行越来越复杂的活动，完成了一个异常漫长的自然身心的"人化"过程，进而也形成了人类的文化心理结构，包括人的阅读心理结构。

二、想象，审美翅膀

想象是审美感受的枢纽，它能有助情感的推动。审美主体，在直接关照审美对象的基础上，调动过去的表象积累，丰富完善，和创造性对象的心理过程。有眼前的，物理现象，联系到之前相关的生活经验。并进而组成意念性虚幻性的生活意象，便是想象。

三、情感，审美动力

情感则是阅读的动力。情感也是特殊的心理活动，它是人类对客观现实的一种反应，人们根据客观事物的不同特点，以及人和物之间的不同关系，产生出不同的情感体验。这种情感体验与人的需要直接相联系，是人们在日常活动中需要的满足或不满足的重要表现。

四、理解，审美方向

从本质上来讲阅读并非满足生理上的需求，而是一种精神上的需求，阅读心理的深层特征就是理解。理解可以说是阅读的方向，当然阅读中的理解是特殊的理性内容，是一种智性的领悟。心理学上认为，这种理解能力沉淀于感性中的理性，是感性和理性的统一，亦是理解之后的深刻感悟。黑格尔把这种理解的领悟性称作"敏感的观照"，他说："'敏感'一方面涉及存在的直接的外在的方面，另一方面也涉及存在的内在本质。充满敏感的观照并不能把这两方面分别开来，而是把对立的方面包括在一个方面里，在感性直接观照里同时了解到本质和概念。" 因此阅读的关键就是把握作品的概念和本质，从而进入一种抽象的精神体验，这恰与马斯洛的人本心理学有某种相似之处。

阅读是一种精神上的需求和满足，显然也是一种自我实现的高峰体验，换言之，通过阅读领悟理解渗透在作品之中的且超越作品之上的内在的含义。

理论视窗

进入视窗界面，我们先回放一段视频。

纪录片《美丽中国》，打开第一集"锦绣华南"：

漓江的鱼人和鱼鸟栖坐在竹筏上，这个组合已延续千年之久，这景致已为世人所熟悉，那是中国水墨画永恒的主题，也是旅人永远的胜地。

鱼人、鱼鸟和竹筏所组成的画面，美得令人心醉，在这个画面里我们看到两大构成因素：心和物。也就是审美的基础条件：主体和对象。

审美是人类的意识活动，这一活动过程中，作为主体的人意识到和对象之间的相互依存的关系，并赋予对象新的意义。

华南是山雨的国度，沼泽般湿润肥沃的土地，为稻米提供了最理想的种植环境。那里有着至少8000年的稻米种植史。山雨是华南的原生态，华南人种植稻米使这个山雨的国度具有了全新的意义。而稻米又是华南人赖以生存的物种。

如此，山雨、稻米和华南人组成一个相互依存的生态链，展示出来的就是一种原生态的和谐美。

华南人用人力浇灌山田，那种壮观的劳作，那种千百年的习俗，浸润华南人对山雨和稻米的崇敬和亲切。在这浸润之中积淀为华南人对山雨、稻米深厚的心理基因，华南人的智慧在8000年水稻种植中淋漓尽致地展现。

人类的生活过程也是意识活动的过程。从最初的山雨和稻米的认识播种，逐渐上升感知到人在其间的位置和价值，人的伟大和渺小尽显此中。山雨和稻米依存了8000年，并将永存。而这过程中的人，只是瞬间的生生息息。

由初级的感知逐渐上升的无限的认知，审美意识孕育其间。

本篇堪比多功能展示厅，我们从审美心理的基础上进入审美的理性通道，浏览大师们的美学思想，领悟审美的智性，找回属于我们自己的审美意识。

视窗一：绝对理念

有一个山洞，里面的囚犯被束缚起来，背对洞口面对洞壁，他们只能看见由外面的火映照进来的影子，这些影子是他们自己以及在他们后面经过的各种东西。这些囚犯一点也不知道自己身后是些什么，他们把影子当作真实。最终，一个人逃跑了，他看见了实际的物体，并知道了自己一直被感官所迷惑。

这是柏拉图《理想国》中的经典比喻，指出了因感官产生的生活谬误。在柏拉图的理论中，感官是其次的，核心是理念。

柏拉图认为有这样三种床：

第一种，看不见的理念之床。

第二种，现实生活中的物质之床。

第三种，艺术临摹的床。

这是柏拉图关于美学的比喻，由此引申——美是理念。

"美是理念"，是柏拉图哲学思想的派生，在柏拉图那里认识世界有三层：理念世界、感性的物质世界，艺术世界。

柏拉图认为，不同的事物组成了事物的世界，而由它们的理念所组成的总体就是理念世界。在柏拉图看来，物质是可感的世界，理念是可知的世界。正如山洞里的囚犯他们可感的只是影子。

在这三种床中，第二种是现实生活中制造的床，生活中我们与之天天相遇。第二种床有型有相且多变，可以随技术而变化，根据材质而变化，并且必定会有损耗，随时间推移由好至坏，因此第二种床是可感的，时空有限。

第三种床，是艺术家们摹仿第二种床而产生，本质上包含第二种床，是第二种床的影子。

那么第一种床又是什么呢？

第一种床独立于有形的物质世界，不存在于时间和空间中，那是一种超然于物质之上理念，一种绝对精神。柏拉图认为理念是可知的，是可感的物质事物的根据和原因，或者说，可感的事物是可知的理念的派生物。

且读一段庄子典故：

庄子与惠子游于濠梁之上。

庄子曰："鲦鱼出游从容，是鱼之乐也。"

惠子曰："子非鱼，安知鱼之乐？"

庄子曰："子非吾，安知吾之不知鱼之乐？"

站在桥上看风景的庄子，可知的理念世界与可感的鲦鱼之间形成了一种对应，鲦鱼的出游从容和庄子的悠闲不迫，二者达到了淋漓尽致的和谐状态，超越了尘世的喧哗。或许，这就柏拉图美的理念的无限张力。

进一步来说，理念是事物追求的目的。理念是事物的本质，事物存在的目标就是实现它的本质，这也是审美的本质。

柏拉图的理论，把事物的本质——理念，与个别事物区分开来，并且以理念为存在的根据，是认识世界的基本原则，解决了个体与普遍的现象问题。

从庄子的濠梁之游可以感受到美的理念尽管看不见，却是可知的，因而也更具纯粹性和个体性。

美的理念说是柏拉图在《大希庇阿斯篇》中提出来的，在文章中苏格拉底一直在询问希庇阿斯美是什么？而希庇阿斯的回答却是黄金、一位美丽的小姐、云石等。因此他的回答都一一被苏格拉底所否定。

苏格拉底想要得到的答案——美就是那样一个理念，你看不见，摸不着，但却时时刻刻存在于那个地方。

这个理念是一切事物变成美的本源，这个理念本身永恒不变。如将此理念加到任何物体上不论是石头、黄金、还是人身上，这个事物就变成美的了。这个理念是先于一切就存在在那里的。

2000年过去了，可知的理念世界依然如故，物质世界却瞬息万变面目全非，柏拉图仿佛预知了理念精神世界的永恒性。

其实中国古典诗词的意境之美，就是这样一种超然于物质世界之上可知的理念。

李白诗篇《月下独酌》：

花间一壶酒，独酌无相亲。

举杯邀明月，对影成三人。

月既不解饮，影徒随我身。

暂伴月将影，行乐须及春。

我歌月徘徊，我舞影零乱。

醒时相交欢，醉后各分散。

永结无情游，相期邈云汉。

诗中千古名句"对影成三人"，按照柏拉图的说法，那就是美的理念，可知的理念与可感的月亮和影子相对应，组成了一幅绝世旷达的画面，天下无一媲美。

相邀明月、清影，趁此美景良辰，性情荡漾。吟诵诗篇，月亮伴随徘徊，我手足舞蹈，影子便随着蹁跹。三人结成永恒的友谊，即兴相聚在这浩邈大雅的诗篇中。

可知的理念，和可感的物质世界相映成趣。诗人豪放的精神，亦即绝对理念和可感的对象世界月亮和影子对应，形成三人狂欢的奇特景象，无以言状的美，流芳百世。

视窗二：感性显现

有个小男孩，面对平静的湖水，突发奇想，他拿起一块石头，扔进湖水里，水面即刻荡起了圈圈的涟漪。

男孩欢呼雀跃，觉得是他改变了湖水的面貌，水之波纹是他的伟大的创造！男孩为此而得意。

这是黑格尔关于美学的经典例子。

黑格尔由此引申出著名的美学论点——美是理念的感性显现。

同样是理念，黑格尔把理念的绝对精神化为一种对象，那就是人类的创造力。在创造力的作用下，达到主体和对象的统一。

男孩用一块石头改变了湖水的面貌，在圈圈涟漪的感性显现上，展示出创造力的理念。

黑格尔认为，人在认识和实践之中，人把自己的"内在的"理念转化为"外在的"现实的感性显现，也就是在外部现实世界打下了人的烙印。

与此同时，人的认识活动和实践活动由矛盾对立而转化成的统一体。

我们可以从欧阳修《醉翁亭记》，进一步认识黑格尔的美学思想。

欧阳修如是写到：

"环滁皆山也。其西南诸峰，林壑尤美，望之蔚然而深秀者，琅琊也。山行六七里，渐闻水声潺潺而泻出于两峰之间者，酿泉也。峰回路转，有亭翼然临于泉上者，醉翁亭也。作亭者谁？山之僧智仙也。名之者谁？太守自谓也。太守与客来饮于此，饮少辄醉，而年又最高，故自号曰醉翁也。醉翁之意不在酒，在乎山水之间也。山水之乐，得之心而寓之酒也……"

"山水之乐"是一种看不见的理念，一种精神状态，一种心灵情怀。这样一种意识，必须通过具体的感性物体得以呈现。

在《醉翁亭记》里"酒"成了这样一种物质的载体，

得之心而寓之酒也。

酒寓心，正如黑格尔所说，这是一种自我复现，把存在于自己内心世界里的东西，转化为可以观照的对象，这样一种呈现为自己也为他人，美在其中。

"人通过改变外在事物来达到这个目的，这些外在事物上面刻下自己内心生活的烙印"。

黑格尔的这一思想，我们还可以从郑板桥的绘画上进一步认识。

郑板桥画竹子出了名，有一次应朋友之邀在墙上画竹子，等他画竹完成的那晚，恰逢遇上雷暴雨，一个闪电照亮墙上的竹林，避雨的鸟儿飞过，以为那正是一片竹林，飞进去避雨，一头撞上墙去……

郑板桥画笔下的竹子因为有了灵性，看似简单的竹子，浸润郑板桥的心血。

郑板桥勤于观察，他晨曦看竹，黄昏也看竹，月夜看竹，雨中也看竹，风里听竹，雪中观竹，胸有成竹，画到生时是熟时。

因此，板桥画竹，是把个人的品格、见地、抱负、爱憎都融化在笔墨之中。

咬定青山不放松,立根原在破岩中。千磨万击还坚劲,任尔东西南北风。

这是竹子的精神和品格,也是郑板桥的精神和品格。郑板桥有诗云:

"一竹一兰一石,

有节有香有骨,

满堂皆君子之风,

万古对青苍翠色。

有兰有竹有石,

有节有香有骨,

任他逆风严霜,

自有春风消息。"

郑板桥把兰、竹、石三物与君子称为人间四美,他说:

"四时不谢之兰,

百节长青之竹,

万古不变之石,

千秋不变之人,

四美也"。

通过绘画的创造过程，精神理念显现于画中，这便是审美的愉悦。

黑格尔在他美学第一卷中有一段关于审美的经典论述：

"审美带有令人解放的性质，它让对象保持它的自由和无限，不把它作为有利于有限需要的工具而起占有欲和加以利用。

所以美的对象既不显得受我们人的压抑和逼迫，又不显得受其他外在事物的侵袭和征服。"

在黑格尔那里，审美的关键词是"带有个人解放的性质"。

那么，"解放的性质"指什么呢？

那就是"自由和无限"，那一刻，对象和主体同时获得快感和愉悦。

对象与主体的统一，我们可以称之谓心与物的交流，乃是审美的本质。

其实心与物的交流在中国更早的时候就提出了，公元 600 年间，禅宗慧能大师在《坛经》中就有了对心与物的论说，

"世人性本清净，万法从自性起"。

悟性直指真理，于自性中万法皆现，见性之人亦复如此。

有灯即光，无灯即暗。灯是光之体，光是灯之用。名虽有二，体本同一。

弟子问："大师，你经常给我们谈到心，心又在哪里呢？"

"在我们的身体里。"禅师说。

"太阳的光，月亮的光，星星的光，灯的光，火的光，都被我们的身体挡在了外面，我们身体里的心，不是一片黑暗吗？"弟子问。

"光可以来自我们的体外，也可以滋生于我们的体内。"禅师说，"如果我们的心里有一盏灯，一盏爱的灯，一盏善的灯，一盏希望的灯，一盏梦想的灯，一盏信念的灯，我们的内心还会是一片黑暗吗？"

对象是审美之体，审美是对象之用。心物交流于本性，美在其中。

视窗三：非功利性

江南的梅雨季节，白兰花和栀子花盛开的时期，空气中散发着一种淡淡的香气沁人心肺祛除霉湿。此时家家都会放上几朵白兰花或栀子花，蒙蒙细雨合着幽幽清香，成了上海弄堂的别样景致。

雨水打在落地窗上，顺着玻璃往下淌，形成了各种水花。小姑娘靠在窗前，头顶上的蝴蝶结紧贴在玻璃上，睁大着那双漂亮的大眼睛，望着水的花纹出神。边上倚着的是女孩的母亲，身着蓝色的旗袍，斜襟上别著一串栀子花，特显优雅，静静地注目女儿。

这幅画卷，成为我心底相册的永恒……

这是很久以前我们家底楼客厅里的母女俩，姚家姆妈和她的女儿宁宁。

姚家姆妈大家都喊她妈咪，妈咪在家里经常穿旗袍，颜色都很素雅，浅蓝的、紫色的、黑白的。那年代怎么能穿旗袍呢？妈咪有她自己的办法，外出就套一件长款藏青工作服逍遥自在。

冬天的时候妈咪闲着常常怀抱一个暖水袋，夏天又换了一把檀香扇，妈咪的头发总是盘个结，看上去是那么的整洁利索，就像他们家窗明几净一尘不染，简洁中的典雅。

妈咪的女儿宁宁，三岁时因为小儿麻痹症瘫痪了，宁宁一直坐在落地窗前，穿戴整齐，妈咪把她打扮的干干净净漂漂亮亮。每当有人从天井走向他们家边上窄窄的过道，宁宁就会亲切礼貌打招呼，邻居们都很心疼宁宁。

看到我们姐妹，宁宁更是欢天喜地喊：阿妹，阿鸿，来白相！

每每此时，妈咪为了答谢我们，就会从床底下的箱子里拿出她家的宝贝，电影画报让我们翻阅，太好看了，饱尽眼福。在那里认识了英格丽鲍曼、费雯丽、黛丽赫本，许许多多大明星，悄然播下美的种子。

每每此时，妈咪总会哼上一两句评弹，随意的轻柔的音调慢慢荡开来……

隆冬寒露结成冰，

月色迷朦欲断魂，

一阵阵溯风透入骨，

乌洞洞的大观园里冷清清。

　　……

不知为什么"冷清清"的音律长驱直入我的心扉，阻断了尘世的喧嚣，那种凄婉的美，令人遐思令人陶醉。

　　妈咪的精致和温馨仿佛不食人间烟火，诗意般的生活，抹去了无言表述的艰辛和苦涩，只留下无尽的美。这种审美与世俗的功利毫不相干，也许就是康德所说的纯粹之美。

　　康德特别强调非功利性的纯粹之美。

　　康德认为审美判断是对象的形式所引起的一种自由的愉快，它既不涉及事物的内容与概念，也不涉及欲念和利害计较。

　　因此审美不同于逻辑判断，它是一种有别于理性认识的审美活动。也不同于功利的以及道德的活动，它仅仅存在于人对于事物的形式的感觉之中，是人的感觉印象。

康德集大成的美学巨著《判断力批判》中，对审美判断力的分析进一步提出了鉴赏判断（即审美）的四个特征：

首先，它是愉悦的，但是不带任何利害关系。

其次，它是普遍的但不是概念。

第三，它具有合目的性，但无目的（无目的的合目的性）。

第四，它是主观的，却带有必然性。

且读陶渊明《归田隐居》：

结庐在人境，而无车马喧。

问君何能尔？心远地自偏。

采菊东篱下，悠然见南山。

山气日夕佳，飞鸟相与还。

此中有真意，欲辨已忘言。

陶渊明的世外桃源，远离城市的喧嚣祛除了功利化的一种纯粹的愉悦，这是一种自在生活的合目的性。

心远地自偏，具有强烈的主观个体色彩。采菊东篱下，悠然见南山。这样一种特殊的生活场景，决非概念化的，同时具有了普遍的现实生活意义。

　　《结庐在人境》流经千年，完美的表达了此中的真意，欲辨已忘言。

　　严谨的康德，揭示出审美的诗意，非功利性纯粹审美，在于无声中流转于心与天地之间。审美的本质即接纳生活，不受外界的侵袭和征服，排除功利和实用。用现在流行的语言来讲，它不受世俗的困扰更不受商业媚俗的侵蚀，还对象一份纯洁，给自己一种宁静。

视窗四：唯美

一个寒冷的夜晚，小燕子展开翅膀拥抱裸露的快乐王子，并深情相吻，旋即小燕子倒在快乐王子的脚下，再也飞不起来。

与此同时猛然一声巨响，快乐王子的雕塑像炸裂开来轰然倒塌。

快乐王子与小燕子一起去了天堂，相濡以沫至永远。

这是王尔德唯美的经典画面，肝肠寸断的柔美。

快乐王子和小燕子，超然于卑微的世俗之上，无私的付出筑成永恒。

快乐王子把自己身上华丽的装饰奉献给所需要的人，小燕子无怨无悔帮助快乐王子完成他的心愿，而自己再也无法飞往过冬的埃及。

寒潮来临了，小燕子告别快乐王子并与他吻别，带看甜蜜走向生命的终极。

至高无上的爱超然于物物之上，没有界限。在这个瞬息万变的世界里，爱是唯一不变的美。

第二天早上，太阳暖暖地照在这一堆孤零零的废墟上，照在小燕子弱小的尸体上，很是触目惊心。好在上帝知道，把他们接去天堂。

这就是尔德唯美之灵魂。

在这里想起了徐志摩的诗：

沙扬娜拉

——赠日本女郎

最是那一低头的温柔，

像一朵水莲花不胜凉风的娇羞，

道一声珍重，道一声珍重，

那一声珍重里有蜜甜的忧愁——

沙扬娜拉！

这首诗十分微妙而逼真地勾勒出送别女郎的形态和诗人内心活动。

短短几句，既有语言又有动作，更有缠绵的情意，寥寥数语，美的形象呼之欲出。

我们可以把它理解为一种知己，一种自死不渝的爱恋。可能是爱情，也可能是友情，超俗的情感融化了一切。

正如快乐王子和小燕子，超脱了世俗的一切，快乐王子的慷慨解囊，小燕子的侠胆柔情，爱心与友谊是人世间不可或缺的最为珍贵的东西。

王尔德的唯美表现出与凡俗的格格不入，超然尘世。

唯美主义的兴起是有其独特的社会、文化背景，在19世纪，尤其是中后期西方文化传统开始出现了断层，基督教信仰动摇了，理性主义逐渐走向沦落。与此同时，社会形态迅速由农业社会向工业社会过渡，商业精神也随之得以完全确立。

在这样的文化背景下，人们不得不以一种新的视角、新的价值取向来重新审视人类自身和各种文化形态，试图在处于动摇、崩溃之中的传统价值体系之外，重新建立起人类的精神家园。

唯美主义出现了。

唯美主义，以人的主体性的确立和实现作为目标，对"纯艺术"的执著追求，表现出对自我实现方式的积极探索。因此，可以毫不夸张地说，唯美主义是一次对于建构新的文化价值体系的积极尝试。

唯美是一种精神，让我们找回失落的人性。

唯美，唯一美的事物，从道德说教，金钱功利和科学认识中脱离出来，只为美的自身而存在。

美具有它自身的生命力。

王尔德认为"艺术除了表现它自身之外，不表现任何别的东西。艺术有独立的生命，正如思想有独立的生命一样。

《夜莺与玫瑰》恰如王尔德唯美思想的折射镜。

夜鹰知道了男生的心事，男生渴望一朵红玫瑰，送给他喜欢的女孩，就能邀请女孩跳舞。

但是，没有红玫瑰！

那一年的冬天寒潮冻坏了玫瑰树。

夜鹰的苦苦寻觅终于感动了玫瑰树，玫瑰树告诉夜莺，有个唯一的办法，可以获得一朵红玫瑰。

夜鹰欣然同意，决定用她自己的生命，为男生换取一朵红玫瑰。

那天晚上，胶洁的月光下，夜莺唱响最后的、凄美的绝唱，慢慢靠近玫瑰树。最终夜莺任树刺穿破了她的心脏，鲜血滴洒在玫瑰花上，染红了玫瑰。

夜莺倒在草地上……

第二天早上男生打开窗户，看见了窗台上一朵鲜红的玫瑰，男生喜出望外捧在手里。

男生不知道，这朵仿佛天赐的红玫瑰是夜莺用她的生命换来的。

因为女孩的拒绝，男生把这朵浸润夜鹰之魂的红玫瑰，随意的抛在了路上，任凭四轮马车碾过……

碾碎的是这尘世的混蚀，令人窒息，但它绽放的是爱的奉献，蕴含的美震撼人心。

在痛苦中显示出美的理想。

那种至高无上的爱，那种纯粹的爱，唯一美的境界。

也许因为现实生活中太缺乏唯美，我们仰慕而陶冶情操，这就是美的魅力。

百年过去了，王尔德的唯美更唯美。究竟为何？

在王尔德眼里，现实的确是冷酷的，就像快乐王子倒塌的废墟和小燕子的尸体遭人厌恶，就像夜莺用鲜血染红的玫瑰，孤零零的抛在路上任马车辗过……

在这冰冷的世界里，在这贪婪的人性里，王尔德以柔美救赎！

天地之间只有美永恒，那就是唯美的精神。

假如邪恶吞噬你的灵魂，再美的外表也将变得丑陋，反之，假如现实惨酷的侵蚀，外表可能改变，但美的灵魂依旧永存。

现实世界太需要美了，只有美，能够化解一切。

这就是唯美。

王尔德如是说，"我们都在阴沟中，但总有人在仰望星空"。

心物之语

一个美丽的童话——

英俊少年每天都要去湖边，对着湖水欣赏自己的美貌。少年对自己的容貌如此痴迷，以至某一天忘情而掉进湖中溺水身亡。

湖水伤心流泪，渐渐变成咸湖。

山林女神闻此前去安慰。少年已死，你要节哀。

湖水说道，我为自己而哭。每次少年趴在我的边沿时，我都能从他的眼睛深处看到映出来的是我自己的美丽。

湖水为自己伤心，从此不再美丽。

在这个故事里，我们感受到美少年和湖水之间相互依存的关系。

其实，那宽广的湖水象征艺术，美少年就是人类自身，通过与艺术的亲密接触，我们看到了自己的美，找回失落的自我，最后生命与美交融。

审美带给我们什么？

审美开启了精神愉悦的航程，在这个航程里，唯见天际和心灵的交互。

一般状况下人类意识的感知和知识往往被限定在功利和目的之中，当然这是一个必然的过程。

通过审美活动，人类的意识一旦突破概念的重围，便进入省悟的真知阶段。既能消除世俗的功利，游刃于对象与自我之间，生命更像一个生命的状态，进入意识的高层次，审美带来的就是这样一种高峰体验。

同样是一个对象，通过审美活动，对象已不再是原来的对象，它包含了自我的精神关照。感性不只是感性，形式也不只是形式，由量变到质变，上升到高层次真知体悟，审美意识油然而起。

如此，吃饭不再是果腹充饥，而是美食。穿衣不再是御寒遮羞而是服饰美。推而广之，衣食住行，从适应生活的原始形式，上升到充满意味的审美活动。

希腊神话中有这样一个故事：

某强盗守在十字路口，作为他的据点，拦住过往行人，不抢钱财，而是强行把人放进他特制的一张床。如果那人太矮，那么就把他拉长，如果那人太长就把他的腿砍断。目的只有一个所有的人必须符合这张床。

这个故事听来很恐怖，很荒诞。

恐怖的是强盗残忍的手段，荒诞的是人怎么可能都一个样？

故事的寓意出来了，我们看强盗很清晰，看自己却很模糊了。人们往往都用一种世俗的眼光评判对象，价值取向单一，说穿了我们也都这么残忍和荒诞。

审美眼光就不一样了，用审美的眼光，我们发现对象不再是单一而是多重的，审美的对象仿佛总有另一个对象存在，审美赋予我们太多的思想，丰富了我们的精神世界，同时包容了对象，且丰富了对象。

审美最大程度抵御了现实世界的物欲化，审美就这样把我们从现实世界中剥离出来，仿佛一个局外人，永保清新。

本篇我们从经典的文本感受审美的诗意。

爱别离

　　有一个故事，故事中的情节一直盘旋于心间。后来借助美学课推送给了学生。

　　"那个寂静的月夜，罗耆波走进摩诃摩耶的卧室，月光恰好照在她脸上，多么可怕呀！"

　　罗耆波为什么要走进去啊？！

　　这个问号困扰着我，成为教学的经典案例，一个充满异议的案例，思辨的案例。每每讲授审美距离说，罗耆波就显现出来，摩诃摩耶的面纱为何没有产生美？面纱的距离反而消融了美的幻想？

　　这是泰戈尔不朽的小说《摩诃摩耶》中的经典情节，一个关于爱的古老而又新鲜的故事，一个恒久的缠绵于人类生命的故事。

　　摩诃摩耶，一个孤儿，由哥哥带大。罗耆波也是一个孤儿，跟着父亲的朋友在这边的丝厂工作。这两个孤儿心心相印，他们的爱天经地义。

但摩诃摩耶是名门之女，有一种内在的精神力量在静静的燃烧。摩诃摩耶决定听从哥哥的安排，去完婚，去嫁给一个垂死的老婆罗门。在临走之前她到这座破庙来向罗耆波道别。

摩诃摩耶为爱而来道别，如果没有心底深处的这份爱，摩诃摩耶怎么可能来？何必来？这是爱的缠绵与纠结。

摩诃摩耶走了，亦或一个时代的悲剧。摩诃摩耶家多少代以来就以名门望族的血统自豪，她又怎么能违背家规？摩诃摩耶要和她丈夫的尸体一起火葬。人类文明正是在野蛮的制度上演进。

摩诃摩耶临走时说："罗耆波我会到你家去的，你等着我吧。"摩诃摩耶就这样走了，但这只是一个未知数。

一切都在变化之中，一场暴风雨熄灭了火葬堆，摩诃摩耶爬起来回到家里，换了一件新衣，对着镜子看了一下自己的脸，她把镜子扔在地上，沉思片刻，然后取出一副长长的面纱遮住了被火烧毁的整个脸庞，出现在罗耆波的眼前。摩诃摩耶说:"我答应要来你家,我来了。"

现在摩诃摩耶自由了,凤凰涅槃的新生。尽管面目全非,摩诃摩耶只为爱而活着,一种崇高的、纯粹的、神圣的爱,摩诃摩耶沉醉于默默的相守中。

罗耆波和摩诃摩耶生活在一起了,但就是这层薄薄的面纱,隔开了他们,恰如一道难以逾越的鸿沟,面纱的隔离粉碎了活生生的希望。

摩诃摩耶来了,却在遥远的天边。罗耆波觉得遥远得使他永远不能接近,他失去了从前认识的摩诃摩耶,更失去了甜蜜回忆珍藏的供养。罗耆波逐渐陷入痛苦之中,内心涌动着渴望,这种不可侵犯的魔力诱惑着罗耆波,一夜又一夜。

那一夜月光皎洁,罗耆波全身的热血奔腾汇合,涌向那一个摩诃摩耶。

罗耆波屈服了,一切古老律法都被抛在了一边。那一夜又显得特别寂静、美丽、庄严,正像昔日的摩诃摩耶一样……罗耆波的心朝着某一个方向奔驰——像森林一样送出阵阵香气,像黑夜一样发出一声声蟋蟀地低鸣。罗耆波像一个梦游人似的走进了摩诃摩耶的卧室……

刹那间罗耆波含糊的叫声惊醒了摩诃摩耶，她立刻把面纱遮上，昂然起立，她没有说一个字，甚至走出房间时头也没回。

摩诃摩耶再也没有回来，相守的缘已尽，爱就这样别离了。

于是提问学生，假如是你，会进去吗？百分之百的男生回答是肯定的，接着他们哄堂大笑心照不宣。笑声中裸露出人性的隐秘，阻挡不住的是性爱的诱惑。

这是人性的弱点抑或动力？

惊叹泰戈尔的伟大，百年前的故事同样诉说着今天的爱——爱的缠绵和无奈，汇聚成性爱与情爱的纠结。

相爱的男女生活在一起，却如远隔万水千山，这种折磨与煎熬是性的呼唤。然而相爱的男女即便不在一起，想你时你在天边，想你时你就在心间，这是情的力量，唯美的力量。

窈窕淑女，君子好逑

"上帝赋予男儿女郎以欲望，

所以，

所以世界应该因他们结合而永亮。

上帝在生命的每一部分，

都输入了对另一部分的怀想。

昼夜看上去似乎是仇敌，

然却是目的同一的鸳鸯。

所有相爱的人们，

都是为了双方的共享；

没有夜晚，

人类将一无所获，

因而，

因而也不会有可供白昼消耗的阳光。"

175

　　穆斯林诗人吕米，以诗意赞美性爱，性爱是异性双方结为一体的渴望，肉体的完全融合，共享生命的快乐。

　　异性相吸奏响性爱序曲，《诗经》开卷首篇《关雎》，描写了男欢女爱的千古绝唱：

　　　关关雎鸠，在河之洲。窈窕淑女，君子好逑。

　　　参差荇菜，左右流之。窈窕淑女，寤寐求之。

　　　求之不得，寤寐思服。悠哉悠哉，辗转反侧。

　　　参差荇菜，左右采之。窈窕淑女，琴瑟友之。

　　　参差荇菜，左右芼之。窈窕淑女，钟鼓乐之。

　　《关雎》的动人之处是在劳动中在日常生活中，道出了凡胎肉身的我们每个人都能体验到的人生经历和道理，有血有肉。男大当婚，女大当嫁，这是千古不易的真理，自然的法则。好男儿见到好姑娘怦然心动，好姑娘见到好男儿倾慕不已，这是最合乎自然、最合乎人性的冲动。

　　无论西方或东方，性行为的表现在上古先民的心目中并不是秘密也非丑陋，它普遍被当作神而明之的对象。例如很多所谓"史前维纳斯"的裸体女像、各种材料制作的阳具模型、绘有男女交媾的岩画，还有各种形式的生殖崇拜遗迹，所有这些最新的考古发现足以表明，远古时代"性"的表现就是一种自然现象。

古人基本上认为，凡是自然而然的事物，凡是能在自然界中找到其对应关系的东西，都具有它的合理性。正是面对"天地絪缊，万物化醇"和"男女构精，万物化生"的现象，古人才得出了"一阴一阳之谓道"的结论。

据人类学家的研究，这些早期的性表现既非赞美性爱，更非渲染色情，它们的产生纯属自然状态，这些最古老的表现形式本身就是一种现实。人们相信，崇拜生殖器的图像可以求得人畜两旺。古人还相信，通过男女交媾能对大自然施加想象中的魔力，从而求得一年四季风调雨顺，猎物丰富。总之，生殖器官和性行为的表现固然十分公开，但都被视为象征形象，被用于祈福或辟邪的目的。在这种将"性"神而明之的文化背景中，"性"更多达了古人对生命的一种认识，两性交合繁衍子孙，是人类生活的必然状态。

我们还可以从更为经典的作品《牡丹亭》解析普遍人性对性爱的渴望。那书生柳梦梅初见了杜丽娘时便唱道："〈山桃红〉……见了你紧相偎，慢廝连，恨不得肉儿般团成片也，逗的个日下胭脂雨上鲜……"《牡丹亭》的故事主要是以杜丽娘和柳梦梅的爱情展开，汤显祖在赞美和歌颂了杜丽娘和柳梦梅对自由生活的执著追求和对封建礼教的反抗同时，有意识地表现人的基本的性爱要求。以往评论家赞美这一梦境，或誉其想象力之丰富，或誉其运用了浪漫主义的表现手法。但如果我们从心理学，特别是性心理学的角度来考察和审视，这实在是一种很普通的性心理活动，妙龄少女杜丽娘在春情萌发时的内心活动，通过做梦而得到的一种真实反映。从精神分析学来看梦就是性爱欲望的一种宣泄和释放，性爱欲望在梦中得到替代性的满足。杜丽娘因梦而生情，因情而生病，因病而死亡，由死亡而复生，《牡丹亭》的这种不同寻常的描写更能产生审美阅读的共鸣。

情窦初开的少男少女，不管身处豪宅还是民巷，这一天终会到来，生命踩着成长的节拍，步步展开……

呼之欲出

《红楼梦》第五回"宝玉初试云雨情"如是写到：

袭人伸手与他系裤带时，不觉伸手至大腿处，只觉冰凉一片粘湿，吓的忙退出手来，问是怎么了。宝玉红涨了脸，把他的手一捻。袭人本是个聪明女子，年纪本又比宝玉大两岁，近来也渐通人事。今见宝玉如此光景，心中便觉察了一半，不觉也羞红了脸，遂不敢再问。仍旧理好衣裳，随至贾母处来，胡乱吃毕晚饭，过这边来。袭人忙趁众奶娘丫鬟不在旁时，另取出一件中衣来与宝玉换上。宝玉含羞央告道："好姐姐，千万别告诉人。"袭人亦含羞笑问道："你梦见什么故事了？是那里流出来的那些脏东西？"宝玉道："一言难尽。"便把梦中之事细细说与袭人听了，然后说至警幻所授云雨之情，羞的袭人掩面伏身而笑。宝玉亦素喜袭人柔媚娇俏，遂强袭人同领警幻所训云雨之事。袭人素知贾母已将自己与了宝玉的，今便如此，亦不为越礼，遂和宝玉偷试一番，幸无人撞见。

作为性爱的基础，性本能的觉醒标志个体的成熟，是生命成长的必然转折。性本能是自然人的自然状态也就是人的最基本的生物性，古人今人亦复如此。再看《繁花》第十七章：

肥皂水与女人的热气，包围小毛，⋯银凤稳坐木盆不动，忽然轻声说，看看姐姐，有啥关系呢，做男人，勇敢一点。听了这一句，小毛放了茶杯，慢慢回头去看，只觉胸前瑞雪，玉山倾倒，一团白光，忽然滚动开了，粉红气流与热风，忽然滑过来，涌过来，奔过来。小毛窒息，眼前一根钢丝绳即将崩断，⋯小毛呼吸变粗，两眼闭紧，实在紧张。银凤立起来，房间太小，一把拖了小毛。脚盆边就是床，篾席，篾枕。银凤湿淋淋坐到床上，抖声说，不要紧，阿姐是过来人了，不要紧，不要紧的。银凤这几句，是三五牌台钟的声音，一直重复，越来越轻，越来越细，滴滴答答，点点滴滴，渗到小毛脑子里。小毛倒了下去，迷迷糊糊一直朝后，滑入潮软无底的棉花仓库，一大堆糯米团子里，无法挣扎。银凤说，小毛慢

一点，不要做野马，不要冲，不要蹿，不要逃，不要紧的，
不要紧，不要紧的。银凤家的三五牌台钟，一直重复。
不要紧，不要紧。银凤抱紧小毛，忽然间，钢丝绳要断了，⋯
"嗵嗵嗵嗵"，木板分裂，四面回声，然后静下来了，
一切完全解脱。世界忽然静下来，空气凉爽，雨声变小，
银凤缩小了尺寸，只有身下篾席，水漫金山。银凤说，
不要动，姐姐会服侍，人生第一趟，要休息，姐姐服侍
小毛，想了好几年，讲心里话，姐姐欢喜。小毛不响。

在这里，我们看到宝玉与袭人，小毛与银凤，他们
间的交合，只是性本能释放，还谈不上相爱。宝玉与袭
人主仆两人，门不当户不对。小毛与银凤更是未婚和已
婚两条不同道上的人，但是挡不住的是性的时钟的敲响。

我们从贵族子弟宝玉与平民百姓小毛身上同样看到
性的悄然而来。凡夫俗子总有这第一趟，也许是美妙无比，
也许是一言难言，不管怎么样这第一趟性的觉醒，标志
了个体的成熟，正式拉开了生命的大幕。

有了第一趟性的释放，接下来是什么呢？人类的性
本能从远古时期繁衍子孙的功能，逐渐演化为生命的享
乐，于是性变得扑朔迷离，情也将更浓烈。

十指相扣

如果说性本能是一种元色，那么性爱，就是斑斓的色彩。

我依据我爱的能力和我对它的需要，

来创造它和不停地再创造它：

那个人来自我等待他的地方，

来自我已经创造了他的地方。

如果他不来，我则以幻想来想象他……

性爱，正如罗兰·巴特所说就是一种自我创造。人类的性本能源于生命，是生命的原动力，但又高于生命。进入文明时代，性从繁殖的单一性，逐渐呈现多元性。沿着性爱的轨迹，性本能得以升华。

读一读米兰昆德拉《生命中不能承受之轻》：

托马斯与特丽莎初识于三个星期前捷克的一个小镇

上，两人呆在一起还不到一个钟头，她就陪他去了车站，一直等到他上火车。十天后她去看他，而且两人当天便做爱。不料夜里她发起烧来，是流感，她在他的公寓里呆了一个星期。

托马斯慢慢感到了一种莫名其妙的爱，却很不习惯。对他来说，她象个孩子，被人放在树脂涂覆的草筐里顺水漂来，而他在河岸顺手捞起了她。

他突然清楚的意识到自己不能死在她之后，得躺在她身边，与她一同赴死。他挨着她的头，把脸埋在枕头里过了许久。

是爱吗？那种想死在她身边的情感显然有些夸张：在这以前他仅仅见了她一面！那么，明明知道这种爱不甚适当，难道这只是一个歇斯底里的男人感到自欺之需而作出的伪举吗？他的无意识是如此懦弱，一个小小的玩笑就使他选择了这样一个毫无机缘的可怜的乡间女招待。竟然作出他的最佳伴侣，进入了生活！

托马斯曾想给日内瓦的萨宾娜打电话吗？或许想与他在苏黎世几个月内遇到的其他女人打电话联系吗？不，一点儿也不。也许他感到，任何女人都会使他痛苦不堪

183

的回忆起特丽莎。这种感觉在认识特丽莎之前从未有过…

就这样托马斯与特丽莎系在一起过日子转眼七年了，托马斯的每一步都受到特丽莎的监视。如果能够，她也许还会把铁球穿在他的脚踝上。突然间，他的脚步轻去许多，他飞起来了，来到了巴门尼德神奇的领地。他正享受着甜美的生命之轻。

如果永劫回归是最沉重的负担，那么我们的生活就能以其全部辉煌的轻松，来与之抗衡。

最沉重的负担压得我们崩塌了，沉没了，将我们钉在地上。可是在每一个时代的爱情诗篇里，女人总渴望压在男人的身躯之下。也许最沉重的负担同时也是一种生活最为充实的象征，负担越沉，我们的生活也就越贴近大地，越趋近真切和实在。

相反，完全没有负担，人变得比大气还轻，会高高的飞起，离别大地亦即离别真实的生活。他将变得似真非真，运动自由而毫无意义。

在米兰昆德拉的笔下，托马斯这个曾经游刃于女性之间，自誉驾驭女性之轻的男人，一旦进入性爱轨迹，也变得沉稳起来，在特丽莎面前，真正感受到生命中不能承受之轻。

性爱必须在身、心两方面都使人得到满足。它是生命力集中在某一位异性身上，伴随着温柔的情感而产生的。性爱也是一种责任与担当，性爱带给生命浪漫的愉悦，同时带来一份充实的重量。

苏格拉底曾说，人必须要努力通过良好的道德来纯洁生命，使心灵摆脱欲望的重负，用人天生的活力，把自己提升到永恒事物和沉思领域，这样就能用纯洁的理智去思考无形的不变的光明。

作为生命的活力，性爱究竟带给生活什么……

折射镜

　　曾经一度《金瓶梅》因性描写列入禁书，但是不可否认作品中对人性的刻画细致入微，第四回西门庆与潘金莲相识，这样开场：

　　这西门庆，故意把袖子在桌上一拂，将那双筷拂落在地下来。一来也是缘法凑巧，那双筷正落在妇人脚边，这西门庆连忙将身下去拾筷，只见妇人尖尖趫趫刚三寸恰半揸，一对小小金莲正趫在筷边，西门庆且不拾筷，便去她绣花鞋头上只一捏，那妇人笑将起来，说道："官人休要啰唣，你有心，奴亦有意，你真个勾搭我？"。西门庆便双膝跪下说道："娘子，作成小人则个"。那妇人便把西门庆扶将起来说："只怕干娘来撞见"。西门庆道："不妨，干娘知道"。当下两个就在王婆房里脱衣解带共枕同欢。

　　西门庆勾搭潘金莲如此这般直接开放的性举动，折射　出明代中叶的社会风气。《金瓶梅》的"性"描写，首先是由于受着时代风尚的影响，明代中叶以后，手工业、商业有了很大发展，商品经济空前活跃，在此基础上掀起的一股新思潮对传统的封建伦理道德进行了激烈的抨击，反对封建的禁欲主义、肯定自然人性成了这股新思潮的核心内容。于是，在社会习俗的浸染和新思潮的激荡下，文学作品尤其是描写世俗之人日常生活的文学作品，充斥着用赤裸裸的文字来表现他们对肉欲的追求，性的欢愉，也就变得相当普遍了。"性"描写构成了一种文化形态，成了封建意识形态走向崩溃、资本主义文化思潮活跃的那一特定时期的特定现象，从而透视出深刻的社会历史内涵。

　　当然西门庆的纵欲，没有滋养生命，反使其过早衰退，仅 33 岁一命呜呼。因此对《金瓶梅》"性"描写的阅读分析，还可进一步理解为它是一部反映人们的日常生活的小说，它以"性"作为进入人的内心世界的特殊通道，把"性"作为人的所有行为的核心动力、连结人与人之间关系的核心纽带，于是，在一个把"性"抛弃、拒斥、遮蔽的世界里，在一个连谈论"性"的权利都被剥夺的世界里，《金瓶梅》的出现，无疑是以一种"性思维"实行了一场"新思维"的革命。通过深层次的阅读理解提升了对历史的新的认识，以及性爱所涉及到的特定社会的意义。

再读李渔的《肉蒲团》，小说最为精彩的是其结尾，出其不意地安排了让主人翁未央生自阉的结局。这是一个滑稽而令人震惊的结局。在这部有关浮世风月债的小说中，对主人翁未央生的处理自始至终都突出了对他的阳具的处理。那东西似乎并不是只是区区一个性器官，而是某种具有两面性的怪物。未央生接受了一个道士给他成功施行的性器官移植手术，道士把一只狗的生殖器移植到未央生身上，使他混及于风月场享尽艳福，未央生自以为得到了一件宝贝。具有讽刺意味的是不久未央生发现自己吃了大亏，他准备从此洗手不干时，终于看到了它是一条祸根，自阉并不是他决心禁欲的壮举，而是它避免再次吃亏唯一能够采取的措施。

李渔花费了那么多的笔墨，原来只是要让读者认识到一个简单事实，一个讲究实利的道理：如果一个男人不想自己吃亏，很简单只有不占便宜才能保证不吃亏，因为报应是不可避免的。尽管这个道理很世俗，但对过于膨胀的欲望也有某种抑制作用。

于此读者也领悟到渗透在作品之中涉及性描写的理性认识。柏拉图认为，世上有这三样东西，一样可以视为与自然事物有关，第二样与理智事物有关，第三样．与哲学的道德有关，人就是这样一种方式创造出来的。性本能就是一种自然状态，由性爱折射的社会世态众相则是第二种认识状态。第三种哲学道德状态，从性爱的角度来看，其间蕴含了深厚的人生思考，包裹着丰富的生命内涵，及审美的思考。

灵犀相通

一个生命从零度空间跌落，与另一生命激情相拥。

小说《廊桥遗梦》描述了男女主人公由灵犀相通到肉体的结合，直至精神的永恒眷恋，奏响了情爱之曲，性爱由此上升到精神领域的情爱。

在她弓身向他贴近时，一种声音，细微的、含义不清的声音从她口里发出。但这是他完全理解的声音，就在这个女人身上，在他肚皮紧贴着她，探进她体内深处的女人身上，罗伯特·金凯长年的寻觅终于有了结果。

他们连续做爱一小时，可能更长些，然后他慢慢脱出来，点一支烟，也为她点上一支。或者有时候他就静静躺在她身旁，一只手总是抚摸着她的身体。然后他又进入她体内，一边爱着她，一边在她耳边悄悄说些温情的话，在话语之间吻她，手放在她腰际把两人互相拉进自己的身体。

到天亮时他稍稍抬起身子来正视着她的眼睛说，"我在此时来到这个星球上，就是为了这个，弗朗西丝卡。不是为旅行摄影，而是为爱你。我现在明白了。我一直是从高处一个奇妙的地方的边缘跌落下来，时间很久远了，比我已经度过的生命要多许多年。而这么多年来我一直在向你跌落。

……

故事的叙述中我们知道现实生活中，弗朗西斯卡已有一双儿女家庭和睦。但是，此后的 25 年，伯特•金凯和弗朗西斯卡互不干涉，只是活在个自的心中。他们知道性爱固然重要，绝非包含一切。弗朗西斯卡留给孩子们的信中这样写道：

如果不是因为你们俩和你们的父亲，我会立即跟他走遍天涯。他要我走，求我走，但是我不肯。他是一个非常敏感、非常为别人着想的人，从此之后没有来干扰过我们的生活。

事情就是这样矛盾：如果没有罗伯特•金凯，我可能不一定能在农场呆这么多年。在四天之内，他给了我一生,给了我整个宇宙,把我分散的部件合成了一个整体。我从来没有停止过想他,一刻也没有。即使他不在我意识中时,我仍然感到他在某个地方,他无处不在。

伯特·金凯和弗朗西斯卡灵犀相通最终战胜了性爱。

寻寻觅觅的情爱展示了人类丰富的精神世界。

《捆绑上天堂》从另一视角展示了爱的浓烈。

两个年轻人邂逅在茫茫人海的都市,随后又碰撞出爱的火花。

这是司空见惯的故事。但是,作家李修文的长篇新著,写出了非同一般的寻常。

"我就要死了,谁比我更可怜哪?

我!我比你更可怜!

你凭什么比我更可怜?

因为我要死在你的前面!

为什么?

因为你不喜欢我!"……

一个患有绝症的青年,面对疯狂地爱着他的女孩囡囡,无法抗拒的激情和诱惑。终于垮过疾病的阻碍,他们交融一体。他愿在欢乐里沉醉下去,权当是自己的回光返照。

幽居于那温暖的地方，囡囡就是他的天堂！

然而去天堂还有一段路，一段苦难的路。天堂是安宁的，那里没有痛苦。人世间的欢乐却是在痛苦中感受，痛苦就像旋涡。

为了囡囡，他被迫住进了医院。不治之症就像无底洞，他们哪有钱填进去？不知不觉囡囡因工作的便利顺手牵羊，开始惶惶不可终日。故事的曲折揪人心扉，更出乎意料的是囡囡行窃逃跑时出了命案，注定的爱情悲剧，又背上了沉重的十字架。

一个躲藏，一个寻找，爱的本能燃起他们的希望，苦苦追逐于人世间的欢乐。

最后，面对警察的劝告和宽恕，囡囡想放弃逃跑，让她的爱人再去治疗，也许还有救……

一念之间，囡囡却失手从钟楼顶上摔下来。他呢，用碎玻璃割断自己的血脉，爬向囡囡。

世俗中的这一幕惨不忍睹。也许从天堂的角度来看，干净利落，雪地上白茫茫一片。

激情相拥于天堂。

　　小说徘徊于人间和天堂的视角，或许没有人间的喧哗和骚动，也就无所谓天堂的安谧。作者将生活和生命的激情燃烧在痛苦与凄惨中，坠落爱的旋涡里。

　　爱是那么的浓烈，生活的沉重酿就了生活的意义，让我们共同经历了一次爱的祭奠。

情到深处人孤独

情为何？

衣带渐宽终不悔，为伊消得人憔悴。

故事是这样开始的：晚餐后威廉姆斯先生的轮椅被推到宽宽的屋前回廊上，可是无论家人说什么做什么，威廉都不会明白。他的眼神总是呆滞地看着前方，脸上毫无表情。

但是，只要有人在威廉面前踢起毽子，威廉就会笑起来了。他仿佛记起了什么，露出难得的笑容。

毽子，久久地跳跃在威廉的记忆深处。

1935 年，威廉在中国成都行医，常去一家麻辣牛肉馆，店主的女儿，名叫如的女孩最喜欢在阳光下踢毽子。如踢毽子的每一个转身和每一个跳跃都散发着一种让威廉心疼的惊世之美。

有一段时间，看如踢毽子和为威廉踢毽子成为他们之间的某种约定。

威廉和如就这样相爱了。

他们的爱，在那个年代的中国是难以接受的，况且如早已许配了人家。后来的一个夜晚，如在睡梦中被她的父兄捆绑到车上强迫出嫁。从此杳无音讯。

把这个凄楚的故事讲给朋友们听的不是别人，而是威廉的妻子普兰特太太。普兰特太太知道丈夫珍藏着三样宝贝：一样是嵌着如照片的小镜子；另一样是中国的花瓷盘；最后是一只毽子，有着很好看的长长的翎毛。

阳光下的毽子撩晕了威廉的眼睛，此刻，惟有普兰特太太能够分享威廉心中的快乐，普兰特太太满含泪水相拥丈夫……

这情景让人想起肯塔基的红罗雀，那鸟永远是成双成对地飞在一起。

我们被 1935 年的故事打动时更为普兰特太太的宽容和理解而感动，也许这正是小说《肯塔基的红罗雀》作者冯锐叙述故事的良苦用心。

现在威廉夫妇每一天都过得充实和有趣。然而威廉却病了，唯独记忆深处的毽子带给他精神的享受。

在这篇故事中蕴含故事的小说里，充满了情爱的宽容和温情。

小说《一吻三十年》叙述的则是别一样的情爱。

八岁红八岁上唱红，演过的角色至少也有三四十个。现在，八岁红退休在家，想办个少年戏剧班，渴望筹到资金。孙女便在网上发了一条消息。

不多日，一个老板模样的男人送来 10 万元。

八岁红觉得有点像做梦，便问那人姓名，那人笑而不答。又问什么大公司，回答纯属个人行为。那一定是晋剧迷吧？八岁红再问，那人摇头。

八岁红把钱推到那人眼前，说来赞助，总有道理，讲不出个张道李胡子来，这钱就不能收。

世界上有些秘密本不该说穿。那人有些忧郁而愁苦。

"我曾经为你坐过牢，从 20 岁到 30 岁，人生最美好的一段年华。"……

那时八岁红演《红灯记》中的李铁梅，剧照贴在集体宿舍的墙壁上，那人说道，宿舍里 8 个小伙子都喜欢八岁红，崇拜八岁红。正如今天的粉丝迷，最喜欢八岁红的就数他了。

　　每天上班前，他总是最后一个离开宿舍。最后离开的原因就是为了和八岁红告别一下，告别的方式便是亲吻画上的李铁梅。

　　那画上的嘴唇经过成年累月的亲吻，颜色已经褪去，因此很容易被人怀疑。最后，有一次在亲吻李铁梅时，门被推开，他被当场拿获。

　　就这样，那人被判流氓罪。

　　这样一份单思的苦恋、浪漫的情怀，萌发在文化荒芜的年代，酿成了一场悲剧。

　　作者高建群，在这个看似简单没有奇峰突起的故事中，触及到了人性最深处，情到深处人孤独。

　　我们从"威廉的键子，少男之吻"中领悟到情的深邃，情的诱力。　从某种角度上来说，人的本质是脑的功能，亦即精神实质，情既是自我意识的复现，也是上帝赋予人类特殊的使命，它向我们展示了高级生命体的人类的复杂心灵……

我心依旧

我怎么能制止我的灵魂，

让他不向你的灵魂接触，

我怎么能让它越过你……

向着其他事物？……

里尔克《爱的歌曲》作为背景音乐，我们讲述小毛师傅的故事。

小毛师傅是一位做旗袍的奇才。小毛拥有做旗袍的真传绝活，做旗袍腰身不靠打折裥，而全靠手指的软硬功夫在衣料上扯出来。阿英是小毛第一位客户。在阿英身上，他第一次从度身到剪裁一手落，那年小毛还不满15岁。如果没有阿英，没有阿英可口可乐般标准的身材，也就没有小毛天才的展露。小毛自觉很幸运，第一个客户，就是一位衣架好的客人。冥冥中注定了小毛的一生离不开旗袍，离不开阿英和女人。

解放后，旗袍不做了，不见了那种可以显示女人可口可乐般玲珑身子的装束，小毛总觉得那只是"做生活"，糊口而已，一点意思也没有。仗着一位旧时大客户太太的法道，小毛在 1957 年，也到了香港。

与阿英可以重逢客地，小毛想也不敢想！重逢不仅使小毛欣喜若狂，更有种不可抗拒的力量。这以后小毛再也没有离开过香港上海街"兴发祥"，他的店铺。

小毛要为阿英做旗袍。即便在生意最旺火的时候，小毛手下有五个伙计，惟独阿英的旗袍，必是他亲自一手做的。

小毛从没过问阿英私事，小毛这样认为：

"每人心中自有一方绿土，穷一生精力死守着这块绿土。小毛文化不高，悟不出这样深的道理，但他明白阿英死守着英皇大厦，自有她的道理。一如他死守着那间'兴发祥'铺面！"

程乃珊的《上海街情话》是一篇地道的上海故事，市井故事总有男女之情。这是一种什么样的情？仅从旗袍，折射世间百态，惟有真情不变。

　　小毛的话很简单，也很深奥，我们可以把性与情的洗礼看做就是生命的绿土，事实上心中的绿土，才是人生价值的所在。假如没有这片绿土，何以点燃生命的长明灯？

　　阿英再次踏进"兴发祥"，已是七十余岁，惟独不变的就是一尺九寸腰身。阿英托小毛改一件旧旗袍，去参加她空守了一生的情人的葬礼。阿英断断续续地说，只是为她自己的痴心戴孝。并告诉小毛要回上海养老。

　　其实这些年来，小毛一直受到上海时装店的邀请，聘他去做旗袍师傅。因为阿英不回去，他也不回去。

　　尾声，香港上海街，小毛那间开了几十年的"兴发祥"下着铁闸，门上贴着"出租"的字样。

　　颇有点"曲终人不见，江上数峰青。"

　　我们每个人都有与生俱来的需求，性本能是生物性的需求，但同时也渴望体验更高的价值需求。马斯洛认为追求更高层次的价值需求，是人类的精神本质，马斯洛把它称为是高峰体验的自我实现。高峰体验是普遍存在的，它是全人类的共同感受，就发生在我们身边，或者我们的日常生活中。最重要的一点，高峰体验构成了完整的人性。人是整合的人，并非仅仅满足性本能。

　　小毛师傅的故事让我们感受到，高峰体验的存在价值及其内在力量。就如小毛师傅所说，每人心中自有一方绿土，穷一生精力守望这块绿土。小毛就以这块绿土为价值趋向，旗袍是小毛生命的一部分，阿英就是小毛生活的一道亮光。有些东西一旦成为你生命中的一部分，它将永远成为你生命中的一部分。小毛心中的感受达到了这样一种高峰体验的状态，无怨无悔默默相守乐在其中。

　　生命的审美意义萌发于性与情的洗礼之中。

相濡以沫

前面是平静的大海，

把它放下船去吧，舵手。

你们将是永远的伙伴，

把它抱在膝上。

在无穷的道路上，

北极星将会发光……

泰戈尔的诗是他们生活的写照，有这样一个故事：

他和她第一次见面是在传呼电话间，那是在遥远的上世纪 80 年代初。电话间阿姨说，省得你们花费钱跑来跑去，再说都住一条弄堂。

他放开了，终于同意相亲了。

放下了什么？初恋的女孩。崇明农场的田埂小道，仰望蓝天白云，听着海涛声，一起遥想未来。后来回到上海，女孩去了国外，再没联系。然后是大学的同窗女友，闻着浓甜的桂花，脚踩沙沙着响的落叶，他们谈古论今，一起面对生活。可是等到谈婚论嫁，女友却嫁给了富商。

晚上电话间关门时，他和她见了面。他文温儒雅，回想起来，他一个大学生怎么会看上她？也许他也想早点有个家，她有房一人独居，也许吧。她不想刨根问底，在他身边她觉得安稳，就这样他们结合了。

没有花前月下，没有轰轰烈烈，有的只是会心默契。

今天她像往常一样忙好了晚饭，坐在餐桌前，通常他总在七点之前到家了，今天有点意外，她静静等着。

这是一间 13 平米，煤卫独用的单室户，在上世纪 80 年代初是很奢华的。她的父亲死于 60 年代的那场运动，抄家的那晚父亲就离开了人世，从此她和母亲就从小洋楼搬到此地。

后来母亲一病不起。她的青春年华就奔走在母亲的病床和街道工厂，一晃十多年。母亲去世后，30 出头的她觉得自己也老了，谁会娶她？婚姻好像没有这个奢望了。

想不到的事就突然来了，来得那么顺理顺当，传呼电话间的阿姨把他介绍给她。

现在，她就这样静静坐在桌边，望着三五牌座钟，时间一分一秒过去，心也慢慢浮动起来。自从父亲去世后，年少的她从来就没觉得踏实过。她的心始终悬挂着，常常听到自己的心跳，忐忑不安，仿佛等待着那么一天，地要裂开来，陷入无底深渊……

此刻心又被悬挂起来，这是婚后第一次又听到自己心跳的声音。三五牌座钟指向八点半了，她突然听到整个房间里都是时钟嘀嗒声，声音让她喘不过气来，她想用手捂住耳朵，自己的手却不听自己的使唤。

就在此时，一个声音从窗外砸进来："201 电话！201 电话！你家老公出事了！"

地，真的裂开来，无底深渊……。

电话间阿姨敲门时，听到里边一声歇斯底里的尖叫……

他把她从地上抱起来的那一刻，突然感觉到，这辈子注定要和她相拥在一起了。

今天他本该可以早一点到家，就在路口等绿灯时，一辆喝醉了酒的脚踏车撞上来，他倒没什么，那人倒下来，他立刻送他去了医院。在医院里周折了好一番时间，没想到回到家她却倒在地上。

望着病床上的她，不弃不离拉着自己，让他觉得从未有过的心痛。他放下了，最初是内心深处的逃避，没想到前世注定。

但是今晚她怎么突然病倒了？

医生的证断更让他吃惊，当头一棒：遗传性的精神忧悒症。

这是一个无法接受的事实！这是一个必须面对的现实！接下来她必须转送精神病院治疗。

一个月后他去医院接她，她只认得他，其它都很模糊了。执手相看，竟无语凝噎……

这一个月，是无数平常日子里的平常月，对他来说则是不平常的一个月！他听得最多的是，离婚吧，赶快离吧。几乎所有的规劝就是"离婚"两字。这也难怪，他的亲朋好友总为他着想。

他也想过逃离，但是"她怎么办？"

"她怎么办？"成了日后漫长岁月里他的口头禅。

这一个月里，他做了两个决定：这辈子不离不弃。

另外，决定换工作，找一份离家近点不坐班的工作。这样就可以有更多时间照顾她，陪伴她了。

生活就这样翻开了新的一页。如果没有她的病，此生也许不会去当家庭夫男，当然也享受不到这份自在生活的乐趣。

她就像一个听话的乖孩子，沐浴他的疼爱。她的病情稳定后，他经常带着她外出散散步。

一个傍晚，他们在街心花园看到年轻的妈妈推着童车，她两眼盯着宝宝，吃吃笑，宝宝却哇哇哭起来。第二天她在弄堂口的幼儿园停住了脚步，双手抓住幼儿园开放式围墙的栅栏，再也不肯离开。

"我要孩子！"起初只是喃喃自语，后来喊声越来越响，又一次地歇斯底里。

这一次从医院出来，他们搬家了。搬到了浦东偏静的地方，为了避开人群。他看到了她眼底深处的渴求，母爱的渴求，撕心裂肺。一个结了婚的女人想要一个孩子，天经地义。但是，他们却不能。

医生对他说，为了你们，为了下一代，要慎重考虑。

那么领养呢？

更要慎重。

不能有孩子对夫妻是一种残忍，对他更是不公。但，这又是必须面对，必须接受的现实。

后来他对她说，你是我的女儿囡囡，我是你的儿子宝宝，于是"囡囡"和"宝宝"，就成了他们夫妻私密的昵称。

他们的情爱随着岁月的流淌，越益弥笃，北极星之光点亮了他们的生活。

故事的尾声，朋友们为他惋惜，而他却说，这是生命赋予他的一切，不值得惋惜，也不值得赞赏。一个人能为另一个人付出，简单而又快乐。

现实中的平淡和崇高，提升了情爱的唯美。

此情绵绵无绝期

喜马拉雅的群峰间，回荡着天籁之音：

那一刻，我升起风马，不为乞福，只为守候你的到来；

那一天，闭目在经殿香雾中，蓦然听见，你颂经中的真言；

那一月，我摇动所有的经桶，不为超度，只为触摸你的指尖；

那一年，磕长头匍匐在山路，不为觐见，只为贴着你的温暖；

那一世，转山转水转佛塔啊，不为修来生，只为途中与你相见。

一切只为一个缘。仓央江措《那一日》唱出爱的旷世之恋，姻缘相续从前世到今世及至来世。一切那么平淡，却又那么崇高。人世来去匆匆，情爱刻骨铭心，感动天地。

我们都知道那个久远的故事，"梁祝化蝶"家喻户晓。大家闺秀祝英台女扮男装，去稽城求学，偶遇书生梁山伯，一见如故，成为同窗好友，从此形影不离。

梁祝同学三年，情深似海。英台深爱山伯，但山伯却始终不知她是女子，只念兄弟之情，充满了喜剧色彩。临别时，双双立下誓言：生不能同衾，死也要同穴！

后来祝英台遵父命要去完婚，梁山伯知情后，忧郁成疾，不久身亡。祝英台被迫出嫁时，绕道去梁山伯墓前祭奠，在祝英台哀恸感应下，突然风雨大作，坟墓爆裂，英台翩然跃入坟中，随即墓又合拢。此时风停雨止，彩虹高悬，瞬间墓中飞出双蝶，蹁跹在空中。

"梁祝化蝶"飞跃千年，飞过了世俗的人间，飞向情爱的天堂。

说不尽的爱，道不完的情。

贾平凹的《西路上》叙述丝绸之路上的美丽传说。甘肃临洮县，在那里有天下最奇绝的洮河流珠。洮河上游峡窄谷深，水流很急，加之落差又大，腾空飞溅的浪花在奇寒中凝为冰珠落在水面而成。

乡间的老人们相传着一个故事，有位仙女爱上了山里的少年，两人相会在河边，少年不小心拉散了少女胸前的项链，颗颗珍珠落入洮河，少年便跃入河中去捞，结果葬身河中。少女悲痛至极也跳入河中。玉皇大帝念他们心诚，封了降珠仙女和仙子，从此洮河上面就有了流不完的"珍珠"。

流不完的珍珠串起了情爱的不朽和永恒。《西路上》的女子渴望梦想，追寻爱的真谛。

爱就在心底。 歌声响起：《我心依旧》：

> 爱就是当我爱着你时的感觉，
>
> 我牢牢把握住那真实的一刻，
>
> 在我的生命里，
>
> 我知道我心与你相依，
>
> 我们永远相携而行。
>
> 我心属于你，
>
> 爱无止境。
>
> ...

从古至今，从东方到西方，爱情的传播最广泛，爱情的点赞最厚重，这是人类恒久的精神力量。

至此，我们借助文本感悟到性与情的纠结，这份纠

211

结沉淀于人类代代相承的基因中。性与情的缠绵悱恻叩开生命之门，性与情的碰撞洗礼带来人生的启迪。

流淌在人世间，流淌在心田的唯有真情，生命的愉悦和快乐，源自于情爱的力量。

至此我们也可笑问，天老地荒性与情孰是孰非？

我们从一个选择的话题解读文本的审美，那么我们也从一个选择的故事作本篇的结束，把关于审美的思考留给诸君。

希腊神话中，传说月亮女神爱上了牧羊少年，他们的幽会动怒了宙斯，于是宙斯出手干涉。宙斯让少年作选择：

要么保持美貌立刻死去；要么迅速衰老而活着。

情爱的本质是精神内核，既有理智的述求，更有审美的境界。在人类唯美的爱情故事里，牧羊少年选择了什么？

假如是你又如何选择？

第三篇，自然情怀

亿万万年来大自然静静地等待着，
等待着与人类的刹那邂逅。
大自然赋予人类灵气，
人类赋予大自然美感。

引子

　　小姑娘的嘴巴撅得老高。窗外雨雪交加，阴沉的天气和小姑娘的心情差不多，令人沮丧。

　　那年春节不放假，大人们要继续上班，小姑娘不开心了。往年大年初一姆妈会带着孩子们走亲访友，小姑娘期盼过年，觉得最开心了能穿上新的花罩衫，跟着姆妈去亲戚家，回来的时候口袋里还塞满了糖果、蜜饯和各种炒货。

　　回到家里，小姑娘就把这些好吃的东西装进一个玻璃瓶，等过了节就和邻居的女孩们互相交换分享，好开心。

　　今年却不一样了，小姑娘的嘴巴撅得更高了。

　　外婆一眼就看出了，拍拍小姑娘的头，想过年了吧？年总是要过的！

　　外婆想好了，大年初一你把邻居家的女孩都叫到我们家客厅来，大家一起高高兴兴热热闹闹过春节，外婆给你们准备好吃的。

小姑娘抱紧了外婆，外婆就是好！

一转身，小姑娘就去找女孩们，大家叽叽喳喳开了锅，太好了！太好了！

但是没有新衣服怎么办？小姑娘说，我们就把自己的发辫搞得漂亮一点。这话提醒了大家，女孩们这才发现每个人的发辫千篇一律都是用橡皮筋扎的，大年初一就看谁的发辫最漂亮！

好啊！一场变戏法的魔术，即将拉开。

接下来的时间，小姑娘还要帮外婆一起忙年货。外婆把夏天吃的西瓜子和南瓜子，洗干净又晒干了收藏起来，现在拿出来，特意生起一个小煤炉让小姑娘炒瓜子。

那年头食材太少了，外婆原本可以做一桌子菜，现在只能另辟蹊径。看着外婆在厨房里忙碌，先是将咸菜和冬笋炒熟了，做百叶包的馅。包好的百叶包用细纱线三个一捆扎起来，煮熟备用。

接着外婆又把煮好的土豆捣碎，因为肉糜太少了，合着土豆泥一起拌好，做蛋饺的馅。没有鸡蛋用的是盒装的冰蛋，蛋饺包好先要蒸熟备用。

外婆最拿手的是做鱼丸，把那些小鱼的大刺取掉后剁碎了，再放上一点菱粉搅拌，撒上葱花调料。只见外婆右手拿个小勺，摇一勺放在左手虎口上捏出一个圆子。这功夫全在"捏"上面，不大不小，捏拿均衡。捏出的小鱼圆放进沸水中，一个个浮在锅上晶莹剔透。

小姑娘看得嘴馋，外婆说，近水楼台给她尝点鲜。

除夕来临了，晚饭时分外婆先把窗帘拉上，从橱顶上找出香炉，放上一点米在香炉里，这样方便插香。然后外婆把桌子上的碗筷放好，端上一大砂锅三鲜汤，百叶包、蛋饺、鱼丸，合着粉丝和大白菜热气腾腾香气扑鼻。

接着外婆又把门拉开一条缝，小姑娘和姐姐们都挤在门背后。外婆点燃一支香，这香是家中藏得很久很久的印度檀香。外婆说香点燃了，祖宗就来了。外婆拿着点燃的香在门口晃了一下，然后恭恭敬敬地插进香炉。

檀香慢慢散发幽幽香气，仪式的隆重感悠然产生，大家下意识地立直，顺着外婆手势一个个走上前去叩拜。

这寂静中的仪式，小姑娘分明感受到一种异样的热闹，这挥之不去的气息，成了小姑娘永恒的记忆。

香燃尽后，外婆动了动椅子说，老祖宗们你们一路走好。

接下来一锅汤的年夜饭开始了……

第二天大年初一，清早女孩子们嘻嘻哈哈都来了，还带着各家自做的小点心。有胡萝卜干，有春卷还有油炸的猫耳朵，外婆还准备了每人一碗赤豆羹。

大家的嘴巴忙碌地吃着，同时开始比美，欣赏每个人头上的发饰。变戏法的魔术全都展示在头上了，好漂亮。

阿芳把扇子的流苏挂在发上，像极了戏台上的演员。丽丽令人叫绝用灯罩做成头饰夹在头发上。娟娟拿妈妈的旧毛衣做了一顶小红帽。女孩中唯独小红整天抱着个娃娃，现在小红拿家里旧花布扎了一个蝴蝶结，她手上的娃娃也扎了同样的蝴蝶结，看上去焕然一新。

小姑娘有自己的法宝，她常常看后门舅妈做刺绣，舅妈会将剩余的短开司米送给她，久而久之小姑娘积攒了许多五颜六色的开司米连接在一起，用来辫发结，成了她的炫美之宝。

到底谁的发饰更美？女孩们议来议去不分胜负，还是外婆说的好，都漂亮！自己做的戴在自己的头上就是好看。

　　这一年就这样烙进小姑娘的心灵深处，她知道了一个普通的道理，过年是一种祭奠，仪式感是生活不可或缺的修饰。

　　亿万万年来大自然静静地等待着，等待着一次刹那邂逅。人类与大自然相会，如同一对恋人。大自然敞开宽广的胸臂拥抱人类，人类亲吻大自然吸取精华。

　　唯有人类能够读懂大自然，读懂大自然的浓妆或淡抹，读懂大自然的惊艳和冷傲。读她万遍也不厌倦。

　　大自然赋予人类灵气，人类赋予大自然美感。

　　于此美学上有了一个命题，"自然的人化"。

　　此观点认为，自然美就是社会生活现实美的一种特殊的存在形式，是一种外化。人类直接对自然的改造是"外在自然的人化"，与大自然亲近对自身的改造是"内在自然的人化"。

　　"外在自然的人化"创造了人类的物质文明，"内在自然的人化"创造了人类的精神文明，二者共同作用使人类具有了欣赏自然美的可能与能力。自然事物彼此那么不同，却又如此那么复杂地连在一起，如此精美绝伦。

　　"自然的人化"这种人化的适度性，可控性和持续性又是什么？

221

本书认为，人类在融入自然、顺应自然的同时，提升自身的精神内涵，产生审美趣味。

人类的整个活动过程，与自然密切相关。本篇"自然情怀"，叙述人与自然的关系。人文意识在大自然的关照下，显示出人类特有的精神实质，那就是审美的本质内涵。

这里也可以参照立普斯的"移情说"：

"移情说"是因"移情"概念而得名的美学理论，指主体把自己的感受、情感和思想注入对象使对象具有了与主体相类似的色彩。

当我们聚精会神地观照对象时，就会产生把自己的生命和情趣注入到对象中，使对象显示出与自己情感相类似的现象，这就是审美的作用。

杜甫的《春望》让我们进一步感受审美的"移情说"：

"国破山河在，
城春草木深。
感时花溅泪，

恨别鸟惊心。"

生离死别的愁绪笼罩一切，黯然伤神，即便鸟语花，这就是移情的作用。

耳边响起了那首歌————《把根留住》，也因此有了故乡明月的乡情。

……

一年过了一年

一生只为这一天

让血脉再相连

擦干心中的血和泪痕

留住我们的根。

……

人类的根在哪里？山水之间，田野之间，在大自然之间。

山还是那座山，月亮还是那个月亮。不变的山水和永恒的人情，锻造了自然美。

春，盛大祭奠

似水流年

岁时、土地、阳光、星辰的特殊祭奠

一部《诗经》，一部华夏民族的风俗画卷，展开《诗经》，农耕社会的民俗气息扑面而来。

《诗经．七月》详尽描述了农耕社会的生活风貌：

正月修锄梨，

二月去耕种，

八月忙收获，

九月修筑打谷场，

十月庄稼收进仓。

《七月》描绘了人们在劳作中，与自然融洽，顺时而存。有趣的是《七月》永叹"七月流火"，为什么一年四季从七月开始？

细细想来，七月流火天气将要转冷，七月是四季的中段，又是一年的至高点，继往开来。

七月回望春的耕耘细作，即将迎来秋的收获，但是九月马上要缝衣，寒冬将要来临，四季流转，其间蕴含了生活所有的快乐与辛酸，人生亦如此。

那么用什么来寄托年复一年的生活呢？

春之二月开始了。

二月开始祭祖先，

献出韭菜和羔羊。

美酒敬宾客，

宰杀羊羔大家尝。

登上主人的庙堂，

举杯共同敬主人，

齐声高呼寿万疆！

二月祭祖无不透出农耕社会人们寄盼风调雨顺的普遍心理，在祭祀中，消除岁月的磨难，寄托梦想。通过祭祀，平平淡淡的生活，融入情感，最简单，最纯朴的生活凝炼出纯粹的审美趣味。

祭祀强调仪式感，在这种仪式当中人类感受到与其他生物的不同，人类的高贵在这种祭祀感中充分展露。仪式也逐渐演化成一种精致的生活态度，生活方式。

中华民族的祭祀文化，感恩祖先的护佑，感恩大自然的赐福，成为一种精神寄托，祭祀仪式消融了所有的生活磨难，美好意愿世代相传。

从远古开启的二月祭祖风俗，逐渐演化为春节盛大的祭奠。

且看孔府的春节盛典，孔府集官邸与民府一体，很典型的汉族大家庭。

春节俗称过年，在孔府的岁月中特别隆重，时间持续也很长，并且规矩颇多。

从腊月初一起，全府上下开始准备过年。初八，府内当差喝"腊八粥"。腊月十五日起，挂"朝天灯"。在前堂楼中间竖起一个三丈高的红漆杆子，称"朝天杆"，杆上挂一个大铁丝红灯笼，内放一支一斤重的大红蜡烛，每天点燃，用滑车拉上去，直到正月十五。

时至今日"朝天灯"乃是春节的LOGO，过年啦！华夏大地所到之处挂起灯笼迎新年。

在孔府腊月初八起全府上下还要打扫卫生，三天后，开始"蒸壮"（蒸过年的年货）。一直做到腊月二十三晚上祭完灶王爷。

腊月二十四那天，各院的大小门户、各房的里外门都要刷门、贴门神、门联。

大年三十，衍圣公（通称"公爷"）和太太先后分别祭拜家庙、慕恩堂、祠堂。然后，阖府人员都要给公爷、太太分别磕头辞岁。

大年三十这天，孔府前堂楼院正中扎起"天地棚"，中间按装一间木雕神龛楼，龛楼中间放一座精制的木雕红漆金字牌位，上书"天地三界万灵十方真宰"。

前面安放一张横长方桌，桌上摆列供菜。供菜一般是整鸡、整鱼、红色大肉块、油炸山药块和大丸子。供桌上还放些蒸糕之类，另有香炉、蜡台、香筒等物。

大年初一零点，各路人马开始行动。点蜡烛、烧香、烧枣汤、放爆竹，热闹非凡。

这时公爷及太太也都起来喝枣汤（元宝汤），用完后便去拜天地。初一的早饭，摆酒席吃水饺。早饭后，公爷和太太坐在前堂楼层门口，阖府人员分别按部门前来给老爷、太太拜年，事后各赏"红包"。

孔府的春节喜气洋洋，既不失大家风范，又有普通人家的欢乐，往日的琐琐碎碎，在爆竹声中得以化解，在喜气中迎来新的一年。

元宵节可谓春节的尾声，也称"灯节"。这个民间流行的节日，曲阜人要举行舞龙灯、跑旱船、踩高跷、耍狮子等活动。

春节后的龙灯会便开始连续不断，不论哪个村庄的龙灯都要去孔府，元宵前后的几天达到高潮。

舞龙灯的地点设在孔府二门大堂前面，村民和外的人都可以涌进去看。舞龙灯时，当差和"花炮户"还要放焰火。焰火制作得相当精致，各类五颜六色的焰火在高空中变换出各种花朵，不比现代的焰火逊色。

从正月十四起，孔府后厨的几个老妈妈，还用黄豆面捏"灯盏"，豆制灯和茶杯一样大，内燃豆油，正月的灯捏一个鼻，二月的灯捏两个鼻，以此类推捏成十二个月。

有趣的是，象征十二个月的豆面灯盏都要在正月十五下午呈送给太太，让它预测天气，如代表某个月的豆面灯内有水气或水汪，就表明那个月的雨水大，反之，灯内若是干枯的，就表明那个月旱象严重。

这种手工艺民俗显然是一种民间的观象术，也是一种向往，无不透出农耕社会的人们寄盼风调雨顺的普遍心理。

正月十五晚十时左右，还有送祖先的活动。一家之主烧香上供，焚烧纸钱，燃放鞭炮，把祖先牌位收起，以示把祖先送走，来年再会，至此春节的高潮落下帷幕。

春天随之悄悄而来，带来一片姹紫嫣红，又拉开了新的祭奠大幕。

"……这日未时交芒种节。尚古风俗，凡交芒种节的这日，都要设摆各色礼物祭饯花神。言芒种一过便是夏日了。众花皆卸，花神退位，须要饯行。

然闺中更兴这件风俗，所以大观园中之人都早起来了。那些女孩子们，或用花瓣柳枝编成轿马的，或用绫锦纱罗叠成干旄旌幢的，都有彩线系了。每一棵树，每一枝花上都系了这些事物。

满园里绣带飘飘，花枝招展，更兼这些人打扮的桃羞杏让，燕妒莺惭，一时也道不尽。"

这是《红楼梦》第二十七回描述的花祭，也因此有了最为经典的黛玉葬花。

"花谢花飞花满天，红消香断有谁怜。

游丝软系飘春榭，落絮轻沾扑绣帘。

闺中女儿惜春暮，愁绪满怀无释处。

手把花锄出绣帘，忍踏落花来复去。

……

尔今死去侬收葬，未卜侬身何日丧。

侬今葬花人笑痴，他年葬侬知是谁。

试看春残花渐落，便是红颜老死时。

一朝春尽红颜老，花落人亡两不知。"

黛玉葬花，是红楼梦中精湛的一笔，绝非曹雪芹凭空杜撰，而是在花卉祭奠的民俗背景下，也因此，更富有鲜活的生命力和生活气息。

祭花原本是轰轰历历的，作为农耕社会的习俗，为芒种的到来举行的一种仪式。

但是，祭花在黛玉的身上就显得落寞和惆怅，一个多愁善感的女孩，为自己寄人篱下的心境，感叹落花流水两无奈。

　　黛玉独自一人提着一个花篮，肩背一把小锄头，这样的场景，锁住了千万读者的心，永久锁定记忆的长廊。

　　祭花形式中我们看到了古人的情怀，视一朵花为生命体，惜花怜花而爱生命。

　　一个黛玉，一种美，怎抵挡金陵十二钗女子的各种美。犹如早春的樱花，一场春雨，不胜凉风的娇羞，迎来的是百花争艳。

岁时节气

华夏民族的岁时节气犹如一片片清香的花瓣，飘忽在寻常巷陌间，散落于民府深宅大院里。领略植根于生活中的岁时节气，感受民俗的审美趣味。

立春

唐诗云：

碧玉妆成一树高，

万条垂下绿丝绦。

不知细叶谁裁出，

二月春风似剪刀

—贺知章

立春过后迎来二月二，亦称"花朝节"、"挑菜节"等，俗称"龙抬头日"。这也是汉民族的传统节日。民间有挑菜、迎富、踏青等活动。

明代以后，有撒灰引龙之举，因此也称"龙抬头"。清咸丰《武定府志》记载："以（二月）二日为春龙节，取灶灰围屋如龙蛇状，名曰引钱龙，招福祥也。"

二月二这一天，还有一个习俗粮仓内要上供，并在仓屋内用青灰围仓，在三个圆圈内的中间，挖一个小坑窝，放一把五谷杂粮，再用一块砖压住，在一边还开有梯形的仓口，这样就能围住丰盛的粮仓，招福祥。

清明节

二月过后迎来三月里的清明节（阳历4月5日前后），亦称"植树节"、"踏青节"、"聪明节"，也是汉民族传统的节日。

清明各种传说的版本中，介子推的故事感人至深。

当年介子推为救晋公重耳，自割腿肉救晋公于饥饿中。后重耳即位晋文公，重赏伴随流亡的功臣，唯独没有介子推。

介子推悄悄打理行装，回绵山隐居。

晋文公知道羞愧莫及，亲自带领随从前去请介子推。

但此时介子推已离家去了绵山，绵山山高路险，找寻谈何容易。

于是有人献计三面火烧绵山，逼介子推出来。火烧遍绵山，却未见介子推身影。等到大火熄灭，发现背着母亲的介子推坐在一棵柳树下，已被薰死。

在那棵树洞里晋文公发现了介子推写下的血书：

割肉奉君尽丹心，但愿主公常清明。

柳下作鬼终不见，强似伴君作谏臣。

倘若主公心有我，忆我之时常自省。

臣在九泉心无愧，勤政清明复清明。

介子推割肉奉君尽丹心，愿主公勤政清明。介子推让晋文公汗颜，于是下令那天定为寒食节，举国上下不准生烟火。

介子推的清明复清明，成为千古咏叹。

清明节除了祭祖、扫墓、植树、踏青等活动，还有吃青团子的风俗，一直延续至今。

立夏

唐诗云：

绿树阴浓夏日长，

楼台倒影入池塘。

水精帘动微风起，

满架蔷薇一院香。

——高骈

端午节

立夏过后迎端午 亦称"端五"、"重午"、"端阳"等，指五月的第一个五日。古时"五"与"午"通用。

端午节，在祭奠屈原的同时祭奠大自然的美好，祭奠故乡之情。

屈原在离骚中莺歌燕舞大自然，放飞自己的灵魂。

"朝饮木兰之坠露兮，夕餐秋菊之落英。

苟余情其信姱以练要兮，长顑颔亦何伤。

……

奏《九歌》而舞《韶》兮，聊假日以媮乐。

陟升皇之赫戏兮，忽临睨夫旧乡。"

早晨屈原饮木兰上的露滴，晚上用菊花残瓣充饥。只要情感坚贞不易，其它又有什么关系呢？

只为心中的追求，即便死亡多次也绝不后悔。

奏着《九歌》跳起《韶》舞，且借大好时光寻求愉悦。太阳东升照得一片明亮，忽然看见我思念的故乡。

故乡，是屈原心中永不抹去的彩虹。

屈原的超级想象游刃于天上和人间，无与伦比的浪漫只为故乡的一腔情怀。

端阳，因着祭奠屈原民间作为家节，一般不拜庙，只祭祀祠堂和慕恩堂。

且看孔府的端午节，报本祠堂内摆供菜十桌，慕恩堂内一桌，香、烛、酒俱全。由衍圣公夫人前去祭拜，回来后吃早点。饭后厨房内包江水粽子、黄米粽子、大米粽子，由仆人用瓷盘盛好，放在分层的食篮内，挑到各府本家及亲朋处送礼。礼尚往来，各府本家及亲朋也往内送。下午府内宴会过端阳节，傍晚游花园，喝茶吃粽子。

端午节民间还有赛龙舟、食粽子、饮雄黄酒、挂香袋、戴香包、插菖蒲、斗百草、采药等风俗活动，浓浓乡情味。

立秋

唐诗云：

银烛秋光冷画屏，

轻罗小扇扑流萤。

天阶夜色凉如水，

坐看牵牛织女星。

——杜牧

七月七

农历七月七，民间俗称"乞巧节"，又称"七巧节"、"七夕"。相传这一天是天上的牛郎和织女相会的日子，这个传说起源很早。

一段动人的传说，带来一个美的风俗。

鹊桥相会，或者说乞巧节。在所有的版本中，有一种最为接底气。

相传织女原是天上王母娘娘的外孙女，在天上编织云彩。一天织女约了仙女们下凡人间，在河水里洗澡。

恰好被小伙子牛郎看见，孤苦伶仃的牛郎与他的老牛相依为命。老牛知道这是仙女下凡，于是突然开口说话，要牛郎到河边取走织女脱下的仙衣，并向织女求婚。

牛郎照办了老牛话。织女也爱人间生活，就同意与牛郎在人间过日子。不久两人生育一对儿女，一家人男耕女织，融融乐乐。

但是好景不长，织女违背了天规，最终王母娘娘命天神把织女带回天上。

面对束手无策的牛郎，老牛说，只要把它宰了，剥下牛皮，披上身就可飞上天追赶织女。

牛郎忍痛照做，并用箩筐挑了一双儿女往天上追赶，眼看就要赶上织女，王母娘娘用头上的银簪往下一划立刻变出一条"天河"。

从此牛郎与织女分隔两边，只许他们每年七月初七晚上相会。那时，会有许多喜鹊飞来在天河上搭成一座"鹊桥"，助牛郎织女相会。

于是就有了七月初七鹊桥相会的风俗，也于是有了人间姑娘向织女学习技巧的"乞巧节。"

七月七，在孔府也是热闹纷呈，一派节日气象。一般民府里制作巧果和巧果灯，作为节日礼品送给各府本家和亲友。七夕之夜，各式各样的巧果灯，从大门一直摆设到后堂。再摆到花园各路和各景区，各庭院和花山顶上都摆上以巧果为主的各类糖果点心及茶水，全家族一起坐在院中仰天观望牛郎和织女的相会。那场景轻松愉快，抹上一层生活的浪漫气息。

中秋节

七夕过后中秋节又来临。中秋节最能体现的民俗气息，月是故乡圆。

领略孔府的中秋，节日这天。一般家族中上上下下都会发送月饼，这月饼是由家厨自制的。

中秋这天，下午设宴会，晚上阖府赏月。赏月处布置在前堂院子里。院中桌子叠桌子，要叠上好几层，据说供品摆得高，离天就近，嫦娥和玉兔会下来品尝。最上一层的供桌上摆着香炉和各种供品，有月饼、石榴、毛豆、花生和鲜枣等。大家一边赏月，一边叙话聊天或借月光赋诗作画，情是故人浓。

重阳

中秋过后，接着是重阳节，亦称"登高节"、"重九节"。

《易经》："以阳爻为九。"两九相重，故为"重九"，九为阳数，两阳相重，故名"重阳"。是日民间有登高野游、赏菊、放风筝、蒸花糕、迎出嫁女归宁等活动。

更有王维的重阳诗，流经千年。

独在异乡为异客，

每逢佳节倍思亲。

遥知兄弟登高处，

遍插茱萸少一人。

千言万语为一句"天长地久"健康长寿，也于是有了今天的重阳敬老节。

立冬

明诗云：

秋风吹尽旧庭柯，

黄叶丹枫客里过。

一点禅灯半轮月，

今宵寒较昨宵多

——王稚登

冬至

亦称"冬节"、"贺冬节"等。时在阳历12月22日前后。

冬至节很特殊,再看孔府的冬至节。冬至有祭冰和藏冰的习俗。每年冬至后,三九之前,孔府便派人将护城河灌满水,称为"积水"。到了交"三九"这天,衍圣公便去冷神庙举行祭冰仪式。祭冰时,行三跪九叩头,举行祭冰的冷神庙位于曲阜城外,一座院落,三间庙堂,一间门楼,专为祭冰而建,庙内有半米多高的冷神半身泥塑坐像。

衍圣公祭冰以后,进入腊月,到了"四九"天,护城河的冰层结至八寸厚时,便派人把河里的冰凿成方块状,储藏在大成殿后边的冰窖里,以备夏天防暑降温及食品保鲜之用。

如此想来,古时候的冷藏技术也很考究,这是冬至的顺自然而为。冬至——阳生,天地阳气回升,也形成了冬至黄道吉日的风俗。

祭灶

一年四季中，岁末腊月的岁时节日特别多。这是因为年岁之终，农作物已收藏完毕，人们有闲暇时间来轻松一番，同时又希望来年过得更好些。于是用各种形式祭祖先，敬百神，以求祈福求寿，避灾迎祥。腊月二十三"祭灶"，是送灶王爷上天的日子。

相传，灶王爷是玉皇大帝派到人间监察善恶之神，每年腊月二十三，灶王爷都要回天上汇报。此夜，家家都要给灶王爷上供。一般百姓都认为灶王爷是一家之主，吃喝离不开灶王爷的保佑，十分重视祭灶。祭灶时，焚香上供，供品主要是糖果和水饺，同时还燃放鞭炮。

大家族一般主人并不亲自祭灶，往往只派一个当差的去祭灶，而这仪式十分简单。大家族的人认为，"圣人自有天保佑"。

祭灶之后，新的一年又将开始了。

岁时节气，看上去琐琐碎碎，但就是这种细节仪式，宛如生活的服装，修饰了平凡的日子，岁月如歌……

夏，拥抱自然

东：水墨烟雨

东部，在中华民族的版图上，作者的笔触就选在自己的家乡——长江下游这块冲积平原上。

江南，细雨，丁香花，水为江南而造，雨为江南所生，丁香花为浪漫的点缀。雨幕中的江南白墙黑瓦，一幅经典的水墨画，由此萌发出水墨乡愁。

于是乎想起了戴望舒的《雨巷》：

撑着油纸伞，独自彷徨在悠长、悠长又寂寥的雨巷，

我希望逢着，一个丁香一样的，结着愁怨的姑娘。

她是有，丁香一样的颜色，丁香一样的芬芳，

丁香一样的忧愁，在雨中哀怨，哀怨又彷徨；

她彷徨在这寂寥的雨巷，撑着油纸伞像我一样，像我一样地默默彳亍着，冷漠、凄清，又惆怅。她静默地

走近，走近，又投出太息一般的眼光，她飘过，像梦一般的，

像梦一般的凄婉迷茫。像梦中飘过一枝丁香的，我身旁飘过这女郎；她静默地远了，远了，到了颓圮的篱墙，走尽这雨巷。

在雨的哀曲里，消了她的颜色，散了她的芬芳，消散了，

甚至她的太息般的眼光，丁香般的惆怅。

撑着油纸伞，独自彷徨在悠长、悠长又寂寥的雨巷，

我希望飘过，一个丁香一样的，结着愁怨的姑娘。

曾经一度《雨巷》遭到诋毁，但是《雨巷》永远成为江南经典写照。《雨巷》的背景音乐，在我想来必定是阿炳的《二泉映月》。二胡悠长的旋律，述说结着愁怨的姑娘像梦一般的凄婉和迷茫。

长江下游的水系组成了江南特有的小桥流水石板路，初夏的梅雨季节更让水系江南平添一抹迷濛。水成了江南的特征，水的柔软，水的绵延，水的无色，点点滴滴到心间，形成了水墨江南的乡绪。

水系江南那份温婉，那份愁绪，那份淡雅，如水墨画滋养了江南乡情。

初夏盛开的丁香花在雨巷的白墙上盛开，那是水墨中的一抹亮丽，让人心舒高扬，一把油纸伞使雨巷更显悠长深远。雨巷的柔软，如梦似幻，放慢脚步享受水墨江南无尽的乡绪，雨的迷迷濛濛多了一份诗意，生活需要如丁香花和油纸伞的雅致与诗意情怀。

水系江南，渐渐滋养这一方原野和人家。

很久，很久以前，这里还是一片广袤的沼泽地。

那一日，芒种时期，一个农夫，照例日出而行，去田里劳作。 但是，这一天，与往日不寻常。农夫劳作的地方，由南而来一对丹顶鹤，在上面飞翔，旋转。

丹顶鹤雪白的羽毛，点缀鲜红的嘴脚，色彩绚丽夺目。双鹤发出的声音，如旋律抑扬顿挫，展开的翅膀，如舞姿舒展起伏。

农夫从未见过，如此优美的画面，他有点陶醉，仿佛喝着醇酒，品食佳肴。

在丹顶鹤的音乐午蹈的陪伴下，农夫继续他的劳作，他觉得此生有幸。不一会儿，农夫的铁锄碰到了一块石头。他慢慢地把石头挖出来，那是一块如玉般光洁的石头。

农夫把这块巨石安稳的放下，然后坐在地上，歇一歇。与此同时，丹顶鹤飞到巨石上，停了下来，双鹤一蹲一站，造型动静结合安详飘逸。农夫看呆了！

恰时，一位法师路经，脱口而出，佛法宝地！吉祥如意！

法师念念有词，阿弥陀佛经如是说，白鹤众鸟之首，出和雅音，其音演畅五根五力。

法师随即便和农夫商量，要在此地建一座寺庙，农夫欣然同意。

那么，资金从哪里来呢？

那对丹顶鹤，一直在静静地谛听，仿佛什么都知道，只为此缘而来。丹顶鹤悄悄地飞走了，朝着南方而去。

没多久，南面就有人过来，为寺庙而捐款。陆陆续续，捐款的人络绎不绝。

人们为着白鹤而来，白鹤象征健康长寿，幸福美满，高贵典雅，顺应中国人的普遍心理。

就这样，一座寺庙建成了，取名"白鹤南翔"。

　　白鹤南翔寺，香火日渐兴旺，带动了周边的商贸，一座水系小镇，初具规模，名曰"南翔"。

　　这是公元 500 年间。

　　南翔古镇，延续千年，生生不息。南翔镇以他特有的整洁、宁静、安逸而著称。

　　白鹤音舞畅五根，生五力。融入江南的文化气韵。

南：万顷波浪

一首歌把我们带到了南海……

请到天涯海角来

这里四季春常在

海南岛上春风暖

好花叫你喜心怀

……

祖国大陆最南端的海南，独特的自然氛围形成了独特的文化气息，述说美丽的传说。

相传很久以前，海南一带的海域风浪险恶，民不聊生。王母娘娘手下的两位仙女知情后偷偷下凡，立身于南海中，为当地渔家指航打渔。

后来王母娘娘觉得有背天规，便派遣雷公雷母请她们回去，两仙女不听从命令，化为双石，继续护佑渔民，滋养一方山水。

仙女化石的故事，逐渐又演化出新的传说。

传说中一对热恋的男女分别　　来自两个有世仇的家族，他们的爱情遭到各自族人的反对。

于是，这一对中国的罗密欧与朱丽叶，他们被迫逃到海南的尽头，双双跳进大海，化成两块巨石，默默永相望。凄美的故事述说真情恒久，感动了人们，代代相传。

为纪念少男少女坚贞的爱情，人们在两块巨石上刻下了永恒的字迹"天涯"与"海角"，爱到天老地荒。

再后来成了爱情的唯美象征"天涯海角永相随"。

这唯美的爱情故事犹如灯塔照亮暖心之路。

顺着海浪往上行，我们看到了湄洲岛。

形如峨眉的眉洲岛，如一弯峨眉般妩媚的岛屿割不断的还是人间的温馨与亲情。

颇为神奇的是，湄洲岛附近一个小屿，淡水之源不充足，却生长着一种如花如菜般的植物，渔民们视为仙草，今天还滋养着湄洲岛的渔民。

相传有一天，成仙后的妈祖深知渔民生活的艰难，沿海地区缺少蔬菜，便在小岛上播下一些菜籽，不久菜籽奇迹般生长，满野开花。

随后，每年无需耕种，菜花自然生长。当地渔民把菜籽当作仙花采集食用。人们把这个地方称为"菜子屿"。

"菜子屿"和妈祖的故事流传于北宋年间，一个名叫林默的渔家姑娘诞生了，那女孩能踩浪渡海，浑身仙气。因为能在万顷碧波上行走，女孩常来往菜子屿和眉洲岛，深知这片海域的险恶。

渐渐长大的林默姑娘　无数次的看到海浪吞噬渔船，看到渔家的悲苦，深知航海的艰辛和渔民的磨难。28岁那年，林姑娘毅然悄悄告别父老乡亲，告别她深爱的渔家生活，在眉洲岛的峨眉顶上幻化成仙。

林默姑娘割弃肉身，幻化成妈祖娘娘。从此普济南海渔家，感化渔民。

万顷碧波之间浸润着一个地域的人情风貌，形成另一种美感。

西：苍茫群峰

青藏高原连绵起伏的群峰，一座座山脉紧相连，世界屋脊中国西部的神奇，道不尽说不完的还是人世间的奇妙故事。

一方山水，一方姻缘。

喜马拉雅群峰间有一种草名曰虫草。

第一年它以一条虫卵匍匐在山脉的草丛间，高原寒冷的冬季，大雪来临之际这条虫卵便早早地钻下温暖的土层。次年它又活跃在草原上，冬天到来之际再一次下潜，直至第三年初夏，那虫卵转世为一棵草破土而出。

这条虫卵带着它虫的躯壳，头顶破土而出的一根草。也只有在那一方神奇的高原，能够直接感受到前世和今生。

于是虫草便成了人世间的稀罕之物，拉萨八廓街，云集全世界的药材商，他们的目光共同聚焦在一个采虫草的高手上，唯有他的虫草是真正价值连城的。

但是此人从生意角度很难对付，因为他丝毫不动摇他要的价。这样一个腰缠万贯的捕虫者，熟悉者惊讶，他是那么的贫穷，衣食住行一贫如洗，钱流向哪里了？

后来人们发现他的采虫行踪转向藏南地区，原以为找到了新的虫草生长地，结果发现了一个惊人的秘密。

这个采虫草的人守护着一座寺庵，守护这座寺庵里的一位削发为尼的女子。采虫人倾其所囊，只为寺庵香火的兴旺和延续。

再后来，他又一度从人们的视线中消失了，有人发现他时，他躺在茫茫草原上已经很久了，只剩躯壳，手伸向之处 ---- 一棵硕大的虫草……

采虫人为虫草而来为虫草而逝，想必虫草就是神奇高原的精灵，浸润藏民的血脉。

我们再把视线转向天山山脉，那里又有一种草名曰"雪莲"。如果说虫草是朴实的贵重，那么"雪莲"可以说是艳丽的昂贵。

沉睡在雪峰中的莲花，又被什么而唤醒？

相传关内一个后生为了心爱的姑娘，为了他的新婚妻子,为了给她治病,踏上向西寻找仙草的不远万里之路。

漫漫长路,哪是尽头?

后生一路跋涉,不分昼夜,一日又一日。那一日,他终于到达天山脚下,不知何处寻觅仙草,想先喝一口天池之水解解乏,蓦然间他发现水中的倒影,一个两鬓斑白,满脸皱纹,佝偻之背的老人,他恍惚不知今昔是何年。

后生泪流满面,祈求上苍,终于撼动了沉睡的莲花仙子。雪莲从雪峰中一跃而出,晶莹剔透,那粉色在。白雪中艳丽夺目,在暖暖的微风中不失妩媚。

后来那男子与他的爱妻都幻化成雪莲,只为寻访者送上爱的深深的关切。

苍茫群峰之间,隐藏着自然与人类的秘密。多原生态,造就多元文化的审美。

北：无际草原

向北，"天似穹庐，笼盖四野。天苍苍，野茫茫，风吹草低见牛羊。"

到了草原，无限开阔的视野让你感受到天与地仿佛连在一起，草原的尽头就是天。

成群的羊儿发出一个颤抖的声音————"咩"，转眼消失在草原深处。"咩"的声音含着一种凄美的音调，"羊大为美"，草原之美也含有一种凄婉色彩。

于是草原独特之音马头琴声响起来，肝肠寸断……

忧忧悲怆的琴声叙述着一个动人的故事：

牧羊少年苏和救了一匹小白马，精心照料，伴着小白马慢慢长大。

那一年，草原上的王爷举行赛马会，苏和骑着小白马也去了，他们斩获第一。

随后，王爷想抢夺小白马占为己有，却被小白马摔了下来，恼怒的王爷举起箭射中了小白马。

小白马忍着伤痛回到了苏和身边永远躺下了，苏和吻别小白马，泪撒草原久久不能自拔。

伴着苏和的抽泣声，天边仿佛传来了一种旋律，如泣如叙……

苏和豁然明白了，小白马要和他永远在一起。于是苏和用小白马的骨头做了一把琴，拿它的筋做弦，拿它的尾巴骨做弓，琴杆顶上雕刻了个马头。

就这样苏和天天拉着琴，和小白马叙衷肠。那琴声悠扬远远听来，就象小白马的呼叫，带着灵性的憾动，随风而去，随云飘荡。

马头琴就这样流传开来，世代相传。

草原上的空辽和寂寞，有马头琴相伴，美的暖流在牧民心底荡漾。从敖包相会的草原之夜到回肠荡气的鸿雁归来，茫茫草原有着绵绵无尽的故事……

拉不完的马头琴，转不停的顶碗舞，相传一个名叫呼伦的美丽姑娘和英雄小伙贝尔相亲相爱，草原的花儿为他们绽放，草原的星空为他们闪烁。

但是天有不测风云，恶魔来了抢走了呼伦姑娘，草原变得天昏地暗。贝尔小伙与恶魔搏斗，几番来回大伤元气，为了拯救草原，为了草原上的牛羊，聪慧的呼伦姑娘终于制服了恶魔，但呼伦自己也化作了一汪湖水。

赶来的贝尔再也看不到心爱的姑娘了，悲痛之余，断然取出利剑一折两断，天崩地裂，贝尔也化作了一片大湖。

从此呼伦和贝尔两个湖水，滋养着草原，生生不息。

上苍有情，渐渐地在两湖中间撕裂开一条乌尔逊河，连接起呼伦和贝尔两颗年轻的心，让他们永远紧密相扣。

草原由此更茂盛兴旺。

直到今天人们依旧把那片广袤的草原称之为呼伦贝尔大草原。呼伦和贝尔尽管没有什么雕塑亦或纪念塔，但是美丽的传说，见证了美丽的草原。

草原之美因着生生不息的民族而绚丽多姿。

秋，饮食男女

舌尖上的日子

很久以前，记忆深处的一天，走进灶披间闻到一股鱼香，那是一种烧烤的香味特诱人，只见黄家姆妈在她家的灶台边上比划着什么。

上海的石库门房子，一般都是后门连着厨房，大家都在一起做饭很热闹。这家烧什么，那家做什么，一目了然，闻着香气垂涎欲滴。因此老老小小大家都喜欢从后门进出，嘴馋，看看也开心。

那些年猪肉少，上海得天独靠着东海，小菜场里经常有小鱼小虾。有段时间菜场里有很多黄鲫鱼，扁扁的一寸长，鱼刺特别多且又细。主妇们都不知道怎么个做法，才能好吃？

黄家姆妈是做菜的高手，用现在的话来讲就是创意多多。那天黄家姆妈把黄鲫鱼拈在铁锅边上，中间放了一点水，就这样烘，等水干了鱼也就烤熟了。因为那年头食油很少，配量供应。没有食油，鱼怎么能煎着吃？巧妇难为无米之餐。

黄家姆妈想出了绝妙的主意，把鱼烘熟，烘的时候鱼自身还会出油，现在想来这种烘鱼的办法妙极了，即节俭又健康。

黄家姆妈见我进了灶披间就说，吃鱼大王来了，这第一口让四姑娘尝尝，鱼的味道好不好？平日里，我吃鱼的名声威震石库门，能吃一碗小杂鱼！那天的鱼还从未吃过，哇！太好吃了！又香又脆，鱼刺也没了，烘脆了。黄家姆妈慷慨地让我连吃两条，不好意思再多吃啦。

这才是真正的烤鱼，直到今天还留有鱼香，思念中的黄鲫鱼也不知再到哪里去寻觅。

这样的一种饮食趣味，带着浓浓的石库门情调，舌尖上的味道和生活的趣味混合在一起，组成了平凡岁月暖心的日子。

餐桌上，我们最常说的是，小时候的味道，老早的味道，外婆的味道，妈妈的味道，味道，沉淀着岁月的滋味。

生活在别处，但是滋味却在家乡，家乡的滋味串起人与人之间的情谊，谓之舌尖上的审美浓得化不开。

灶披间里下功夫——上海石库门里的考究美

"无声细下飞碎雪、放箸未觉金盘空。"

中国的饮食文化源远流长，舌尖上的讲究，融汇于餐桌的曼妙风景在开埠的上海尤为显著。上海人对饮食的考究，坐怀餐桌，心透宁静，不奢侈张扬，家常淡泊而温馨。

石库门中大鱼大肉的日子极少，但是没有荤菜的日子也不多，荤素搭配，从营养的角度讲倒是很合理的。

当然，即使有荤菜，吃得还是很节省的，肉经常吃，大都是肉丝。肉丝可以混合着各种素菜炒着吃，不加味精，鲜味十足。

上海人家中还有一个吃的特色，糖果饼干蜜饯之类的零食是经常准备着的，准备着招待客人，是一种精致生活的习俗。

上海人的饮食观念吃开了，它率先打破了固守本色原味的帮系门户，从原辅材料的择取、调味品的选用直到烹饪工艺的使用，完全不拘定格，兼收并蓄，最终创造性地形成了海纳百川的"海派口味"。

"海派西菜"、"西餐中吃"等等，种种新奇事象，点缀着上海食俗的特有景观。比如，大饼、油条、粢饭、豆浆，它们价廉物美，极受平民百姓的欢迎，曾被誉为早点中的"四大金刚"，博采众长形成了经典上海口味。

作为国际大城市海派饮食，自开埠至今一百多年来吸收和包容了各地的风味，同时又引进了西方的饮食，在适应本地口味发展时，相应产生了上海的特点，即海派风味。这就是饮食习俗在一个地域所出现的风采，一种审美的趣味。

上海人"吃得开"，对烹调水平特别讲究，尤以色调的秀雅、菜型的清丽和肴馔中蕴含的文化气质而著称。至于家庭饭菜，也是精细搭配。普通人家，至少两菜一汤的格局，饭碗小而菜盘大。各家的餐具、酒具、茶具，多是成套配置的，足以显示海派饮食文化考究美的特质。

孔府家宴——细水长流的匠心之美

宴，从象形文字角度分析，由三部分组成：宀，曰和女。

解释为在家里白天与妻子一起用餐。

宴，象征着安宁的生活，动荡岁月能享受宴的其乐融融吗？宴，也是对团圆的期待。如遇动荡迁移，唯有不变的情怀，他乡是故乡，永远在眺望。

因为宴，人与饮食的故事，有滋有味，必将延续。

对一个大家庭来讲，孔府一日三餐，主食以面粉制品为主，配以大米与各种杂粮。早上一般六个家常小炒，喝豆粥或咸糊糊，并有三四种点心。豆粥是当地风俗，用上等小黄米面掺到豆浆中熬制而成，味香浓，滑爽。午餐和晚餐一般要吃上七八个炒菜，还有银耳汤羹之类。冬天则常吃火锅。

孔府家常菜，虽然用料平常，却充满文化气息。菜中有故事，吃来更滋味。如"神仙鸭子"，相传孔子后裔孔繁坡在清朝任陕西同州知州时，特别喜欢吃鸭子，家厨就千方百计变换做法。有一次，厨师将鸭子洗净，精心调味，入笼蒸制。用燃香计时，香烬取出鸭子，软烂滑腴，味特香醇美，孔知州食后赞不绝口，并赐名"神仙鸭子"流传于世。

"豆芽菜"自清高宗乾隆（1736--1795）年间开始

成为孔府传统菜。据传，有一次乾隆皇帝来曲阜，祭孔完毕用膳，皇上胃口欠佳，急坏了在一旁侍膳的衍圣公，便传话让厨师想办法。

此时适逢有人送来一筐鲜豆芽，厨师灵机一动，顺手抓了一把豆芽，放上几粒花椒爆锅，做好后送上去。乾隆皇帝没见过花椒，出于好奇，便尝了一口，清香脆爽，便大吃起来。从此炒豆芽也就成了孔府名菜。

待客宴席在孔府中一年四季不断，形成了名目繁多的待客宴席。如喜宴、寿宴、便宴、如意宴等等，多种宴席。

孔府宴席不仅名目繁多，规格、等级差别同样很明显，而且在宴席的肴馔品类和上菜顺序上也十分考究。

孔府宴席一向沿袭古风旧制，礼仪庄重，规格严谨。在座席上的安排讲究"奉席如桥衡，所奉席头，令左昂、右低……席舒有首尾"，让宾客坐首席，主人旁陪，以表谦让之礼。席间上菜程序也有定式，咸先淡后，浓先薄后，无汤者先，有汤者后。

饮食与艺术巧妙结合，尽数利用和发挥了文化的潜在含义，这是家宴的匠心所在。

　　《舌尖上的中国》，一部纪录片为什么走红？也许正是因着饮食是生活的投射，折射出生活的有滋有味。任何一种食材的演变，都与人有关，时代在变，味道在变，不变的是人们对这种味道的执着想往。寻找记忆中的家乡味，食物和味道牢牢地和家乡连在一起。

　　饮食在岁月的时光里物化成一种地域风俗，一种审美的趣味。

寻常巷陌的礼仪

《诗经》开卷首篇《关雎》写到：

"窈窕淑女，君子好逑"。窈窕淑女的仪表，君子的目光，展露人性最质朴的对美的追求。于是，最能体现个性的仪表修饰，组成了点点滴滴的生活重要的一课。

古诗云：

"小山重叠金明灭，鬓云欲度香腮雪。

懒起画蛾眉，弄妆梳洗迟。

照花前后镜，花面交相映。

新帖绣罗襦，双双金鹧鸪"。

唐代诗人温庭筠的《菩萨蛮》形象描述了女子的晨妆梳理，画一画蛾眉，整一整衣裳，还要照一照新插的花朵，对了前镜，又对后镜。

生活在悄悄的变化，各种仪表美容也在变化，不变的是人们对美的追求。

且看上海人的精心修饰 ---- 镜子前头翻花头。

上海男人和女人们很懂得精心装扮，以得体的服饰展示美，服饰的可塑性也成为海派文化的一大特征。上海人穿着在过往的年代里众议纷呈，无限解读。上海人忠于服饰又忠于自我，服饰可以看做为海派人生新的旅程。

尤其是上海女性，服饰除了服，还讲究饰。上海女性在穿着打扮上可塑性的变化，除了创造出举不胜举的新式服装，更注重在这些服装上点缀上各类饰品：头饰、帽子、提包、手套、围巾等等。许多旧式服装一经点缀顿时焕发出勃勃生机，妙趣横生。

虽然这要归功于专业设计师的独特匠心，但与此同时，坊间女性在穿衣打扮上的智慧与才华也不容忽视。

日常生活便是上海普通女性的时装秀场，演绎出无与伦比的时尚风景，专业设计师又从她们的打扮中获得启发和灵感。

海派服饰体现出文化的可塑性，不仅服装整体发生风格变化，而且服装的各种配套装饰也深受西洋文化的影响。除了西洋传入的荷叶边和舶来的袜子、香水、怀表、皮鞋，还有各种衣绦边、金属纽扣、绒毛线之属，形成一种"时髦"的风俗。

上海人喜欢根据自己的个性、审美观念和自己的身材条件来选择服装，这种态势推动了上海服饰不断推陈出新的源泉。

海派服饰注重仪表，注重自己的着装，更是具有文化品位的表现，增强了都市社会文化的创造力和想象力。

海派文化的服饰观念，反映了上海人有着强烈的追求个性、展示自我的心态，可塑性的服饰精心锻造了一种展示美。

寻常项目的礼仪，除了仪表仪态之外，更突出的是约定俗成的习俗，生儿育女，婚庆丧葬。

走进孔府，如同翻阅一本华夏礼仪风俗指南。

生育

孔子说，不孝有三，无后为大。孔氏家族世受封爵并主奉祀事，万万断不得香火。孔府中视生育为神圣头等大事自然不足为怪。

如七十六代衍圣公孔令贻求子心切，常亲自去泰山娘娘庙里去拴娃娃，并亲自手书红缎横匾，敬献给泰山娘娘。最多一年要去三次泰山，泰山碧霞祠、斗母宫中都留下了衍圣公孔令贻书写的横匾和对联。

再如七十七代孙孔德成是遗腹子，出生前，紧张的空气笼罩在孔府上下。婴儿几个时辰还未落生，孔府内一片焦虑。

紧张之中，有人提议，打开孔府所有的大门，从内室一直到孔府的大门，甚至打开正南门。正南门是正对孔庙的曲阜城门，平时关闭，只有皇帝临幸或祭孔时才能打开。

然而大家一致认为，小公爷要从正南门进来。此时，有人又提议，说是内宅后花园地势太高，压着前面，必须将前面的地势略抬高，好让小公爷出来，于是把一块写着"鲁班高八丈"的大木牌挂在后堂楼的角门上。

小公爷终于哇哇落地，那一年，公元1920年。此后，出生才三个月的孔德成正式继承了衍圣公的公爵封号。

婚姻

如果说，人生礼仪中生育是为家族添子增丁，那么，婚姻就是生育的前奏。我国封建时代的婚姻一般都是父母作主，仅以家族的传宗接代荣耀兴旺为重。孔氏家族的婚姻也不外乎此。

婚姻，对于孔府来讲，重要的是关系到衍圣公的延续，关系到孔庙的后世祭祀香火。孔府后堂楼正中悬挂着两幅对联：

一幅"万代所基人伦冠冕，二南之业家学渊源。"

另一幅"彝训承先闻诗闻礼，名宗衍庆宜室宜家。"

从中可以见出孔府家族的婚姻观。

婚礼作为社会礼仪习俗的一个重要组成内容，我们可以从孔子第七十七代嫡孙孔德成的婚礼仪式中去透视孔府的礼仪风貌。

孔德成的婚礼以半新半旧的形式举行。婚礼前，孔府向各界发送结婚请帖，请柬样式多种。

婚礼举行前，孔府早就大兴土木，从大门到内宅全都粉刷装修一新。大门刷上红漆。大门外搭起戏台，两边为看台，搭大红牌坊，挂大红宫灯，门口立栏杆，供挂鞭炮使用。

新房设在后堂楼，从大门到新房都搭起彩棚，棚四周上端用"五福捧寿"的彩色玻璃，顶用红布和绿布条编织而成。彩棚内挂满了亲朋好友、各方人士送来的喜幛。孔府各门上都挂起彩灯、宫灯。结婚当天，各道门户还派有奉卫丁站岗保卫。

结婚前一天的"过礼"，喜气洋洋。过礼也是婚礼习俗之一，就是送嫁妆。这一天，孔府门外鼓楼大街上人山人海，曲阜人争相看过礼。从五马祠街到孔府，二里多路排满嫁妆，这些陪嫁都是孙家从北京运到曲阜，一路上鼓乐喧天，整整抬了一天才送完。

婚礼这天，孔德成去东五府迎亲。迎亲时，孔德成乘坐绿呢子八抬大轿，新娘乘坐的是大红呢五彩绣八仙、彩红穗八抬金顶大轿，新娘轿内坐着由本家太太担任的娶亲太太。

迎亲的队伍很长，最前面的是全套五班乐器（戏乐），后面是扇、伞、鸾驾、金瓜、钺斧、朝天凳全套执事。轿前有两对白色吉羊，两大彩绘坛子喜酒，还有子孙桶（马桶）、镜子和火盆，分别由穿彩衣的小孩抱着。

迎亲队伍到达新娘暂住的东五府，按照传统礼仪，新郎拉弓、射箭以驱邪，然后才把新娘抱出来。从屋门口用花轿抬到五府大门，换乘汽车，到孔府门口下汽车再换花轿，一直抬到举行结婚仪式的前上房。

结婚典礼的礼堂设在前上房。前上房院内摆着二十张长案，上摆龙凤饼、喜盐、枣、栗子、莲子、花生、松子、桂圆等果品和松柏长青杖，典礼的桌案上是明堂大红蜡烛。

新娘面向正东方下轿，迎喜神。下轿后新娘与新郎先在礼堂休息片刻，然后按程序举行婚礼。

婚礼上，新郎穿长袍团花马褂，新娘则穿新式礼服，白纱拖地长裙、高跟鞋。婚礼完毕后，新娘又换上丝绒花的大红旗袍、大红缎鞋，梳髻，在新房坐帐，喝交杯酒。

婚礼当天还唱了三台戏。前上房的戏是京剧，是给府内"上人"看的。三堂的戏是曲剧，给府内来客和执事人员看。大门外街上是山东梆子，唱给曲阜百姓看。演员都是从济南、北京、天津请来的名角，三堂和前上房的戏还印好了演员表、剧目介绍给来宾们看。

婚礼第二天，新娘要向伯母、大姑、小姑以及许多本家长辈逐个请安。新娘身后跟着一个女仆老妈妈，手端大盘子，上面放有许多盛有桂圆汤的小盖碗。新娘子向长辈磕完头，由新娘敬桂圆汤。同时长辈们要给新娘见面礼，一般是衣料为多，收到见面礼，由老妈妈把它放在一个很讲究的长方形捧盒，以红绸覆盖。

寿诞

孔府每逢主人的寿诞之日，阖府参加寿宴，举城庆贺，本族各府各门头本家、城关士绅、各级官员都到孔府来送礼祝寿。

省级以上的政府官员来孔府拜寿，招待宴席是"鱼翅四大件"，县级官员和近族长辈及本家平辈拜寿，招待宴席是"海参三大件"，其他客人及阖府管事职员宴席则是"四盆参十大碗"。通常吃完点心后，各房管事集合，分别到前上房或堂楼给公爷、太太拜寿，拜罢由公爷、太太发"红包"，也热闹一番。

丧葬

丧葬在人生礼仪中不可缺少。丧葬既是对亲人的哀思，也是对生命的一点慰藉。华夏民族重祭祖，历来对丧葬礼仪十分重视，丧葬风俗很隆重。孔府的丧葬活动，足能让人感受到丧葬在一般民众心目中的特殊价值和地位。

孔府历代衍圣公把办理丧事看得极为重要，把它作为衡量孔子后裔道德水准的标志。孔府的丧葬活动有许多礼仪习俗。

发丧期间，孔府门外扎有乐棚负责奏乐，根据来宾的性别奏不同的迎宾曲。大门两旁各置一个用木架、绸缎扎成的大汉，叫"方弼"、"方相"。送殡时，"方弼"、"方相"要走在队列前面，一直跟到墓地，并要给这两个扮演者以重赏。

府内还扎制灵棚。灵棚用蓝玻璃做顶，灵棚内除了纸人纸马、聚宝盆、摇钱树、金银元宝等各种"社火"外，还要摆上成百件的"冥器"，如锡制的小茶壶、小木碗、木制小桌椅、小床等，床上还有枕头被褥，另有绣花小衣服、鞋袜等服饰用具，应有尽有。这些"冥器"安葬时一起埋进墓内。灵棚内棺柩前悬挂着"旌铭"，用大红绸子从上至下遮着棺柩，上书死者的官衔，出丧时覆盖在棺上。死者的装裹也分为大殓和小殓两种。三日小殓穿常服，五日大殓穿官服。

府内主人死后，停灵少则半年，多则几年。致使曲阜流行一句话："圣公发丧——没日期。"如七十六代衍圣公孔令贻死后，停灵近两年，停灵的地方也有规定，衍圣公和一品夫人死后停在内宅前上方，姨太太或住在府里的亲属，死后停在后面的白虎厅。

按孔府规定，衍圣公或公太太丧葬后，其子必须"丁忧"三年，三年内不应酬客人，不听丝弦。阖府员役人等必须遵照府规"素服摘缨"，庙佃屯户人等也照例素服摘缨，百日内不嫁娶，不奏乐，不宴会。

日子一天天过，万变不离其宗的寻常巷陌的那些事，约定俗成的习俗，生生息息锁住了人们心间暖暖的情愫，隔不断理还乱，无任天涯海角他乡还是故乡情。

冬，凝固的音乐

民宅：此时无声胜有声

上海的老城厢有座文庙，始建于元朝至元三十一年（公元 1294 年），因为有了文庙，文庙前面东西向的路就被称为"文庙路"。在文庙路北面与它平行的另一条路，名曰"梦花街"，鲜为人知。

梦花街，这路名有一种无以言状的美感。于是我查阅了一些资料，发现梦花街上原来有一座梦花楼，梦花楼没了，路名留下来了。就像现在老城厢纵横交错的小路，早已面目全非，路名却令人遐想。

于是想到了上海滩，最早的上海是海滩，梦花楼上，有女子眺望远处的大海，思念自己的爱人。

于此，自以为是写下了一篇有关梦花街的风花雪月的故事。

文章在报上刊发，引来了一个老先生的质疑，请问作者是否望文生义。看到读者回复的信件，倍感惭愧。

再一次深入调查采访，梦花街的前世今生。考察发现在文庙的中轴线上，正对着文庙后门，梦花街上有一条老式石库门弄堂，弄名"三在里"。

这条弄堂，始建于1900年，据说，是一个宁波籍的染料大王的产业，那么，为什么叫"三在里"呢？

查询资料所知，这是论语当中的一句话，孔子曰："父在观其言，父没观其行，三年无改，为孝也"。"三在里"的含义显而易见。

恍然大悟，在文庙后面的梦花街是读书人的风水宝地，梦笔生花。

一条老式石库门弄堂，有如此深刻的文化含义，令人叹为观止，这就是居住的人文精神。

1843上海开埠后逐渐聚起人气，尤其是太平天国时期，江浙一带的富商涌进上海，上海寸土是金。

上海人家的居所被称作，螺丝壳里做道场，彰显一种雅致美。

"宁可食无肉，不可居无竹。" 中国传统文化的雅趣浸润海派文化于血脉，上海人在狭小的空间中追求雅致生活的美。

"栀子花白兰花"淡淡的香气使拥挤的弄堂石库门变得开阔而幽深。窗前一盘花，浓绿的爬山虎覆盖在石库门的围墙上，伸出天井的夹竹桃交相辉映，即便是老虎窗前的衣竹竿也是别样的市井画卷。

上海人要感谢石库门，当年为着节省土地面积建造的石库门，教会了上海人如何精打细算，而在拥挤的石库门中生活的上海人，也懂得了如何拓宽空间，协调人与人，人与物的关系。石库门中的那些房间，都有一些美丽的名称：天井，客堂，前楼，后楼，亭子间，阁楼等。上海人形成了自己的居住习俗，石库门锻造了上海人的审美情趣。

开埠的上海寸土寸金，开发商要考虑如何在最小的空间获取最大的利用价值，所以石库门群体布局紧凑，相互毗连，成片纵向或横向排列，其单体平面及结构比四合院或徽派建筑占地小而又比西洋建筑造价低，打造出上海特色密集性的弄堂房子的石库门结构。

石库门弄堂房子，从建筑样式看，是在传统的小院落式四合院基础上，高度密集化而形成，以适应大都市人群聚居。石库门改变了本地房子以单幢同心圆村落式布置的传统形式，引进了西洋住宅以多幢联列式毗连布置的形式。从建筑技术看，明显吸收了西洋风格。因此上海的石库门弄堂房子体现了中外建筑居住的民俗性，同时体现了海派文化的交融性。

可以说，上海造就了石库门，石库门造就了海派文化的居住情怀。石库门不失为一份形象的读本，体现出海派文化交融性的气度。石库门由兴起而兴盛，又由兴盛而向新的形成发展的过程，承载了上海的沧桑变迁。中西结合的石库门已成为海派文化的精髓和上海历史的见证。

石库门让上海人在适应环境的过程中，发挥自己的聪明才智，交融变化的生存空间，展露精致美。

特殊的氛围，造就了独特的生存空间。

《红楼梦》中的大观园，所到之处彰显独特个性，形象展示了居所的人文的情怀，美不胜收。

怡红院是大观园中贾宝玉的温柔之乡。

院外粉墙环护，绿柳周垂，三间垂花门楼，四面抄手游廊。院中甬路相衔，山石点缀，五间抱厦上悬"怡红快绿"匾额。整个院落富丽堂皇，雍容华贵。

宝玉为自己的"怡红快绿"匾额题诗：

"深庭长日静，两两出婵娟。

绿蜡春犹卷，红妆夜未眠。

凭栏垂绛袖，倚石护青烟。

对立东风里，主人应解怜。"

怡红园红绿之间的审美意向，叙不尽宝玉的一腔儿女情长。

潇湘馆，与怡红院遥遥相对，为林黛玉的住所。

这是黛玉刚进大观园时为自己选定，因"爱那几竿竹子，隐着一道曲栏，比别处更觉得幽静"。

在这幽静的潇湘馆里，黛玉伴随着修竹、诗书、幽怨、孤独和泪水，度过了短暂的一生。

潇湘馆带有江南的韵味，也是黛玉柔情似水的写照。黛玉喜欢的翠竹更是一种品行的象征，一种不屈不挠的可贵品质，高洁中带着儒雅，含蓄里透着活力。

潇湘馆无不透露"潇湘妃子"的审美趣味，自然脱俗。

蘅芜苑，是薛宝钗在大观园里的居所。

置身蘅芜苑院中，只觉异香扑鼻，奇草仙藤愈冷愈苍翠，牵藤引蔓，累垂可爱。

更奇葩的是蘅芜苑中，奇草仙藤的穿石绕檐，努力向上生长。一切彷佛象征着宝钗"好风凭借力，送我上青云"的壮志理想。透视出居为人思的审美意味。

再看个性独特的贾府三小姐，贾探春的住所 --- 秋爽斋

《红楼梦》中对于秋爽斋外景并没有详细的描述，只提到院中种植芭蕉和梧桐，有月夜听雨的意境。

这组建筑中有一较大的厅堂名"晓翠堂"。晓翠堂四面出廊，流角飞檐，临沁芳溪。探春的豪爽，尤如四面出廊一览无余。

更有趣的是，秋爽斋其中的三间房子没有隔断，这是探春的意思，具有闲云野鹤般的风格。其屋内所布置的陈设突出一个"大"字。陈设典雅，华丽中透着大方。

屋内正中摆放一张花梨大理石大案，墙上挂有米南宫的大幅山水画《烟雨图》和唐代书法家颜真卿写的对联

"烟霞闲骨骼，

泉石野生涯",

很明显烟霭云霞之中,有自己散漫的天性,泉水山石之旁度过无羁的生活。

"秋爽斋"的审美趣味,吻合了贾探春"才自清明志自高"的 孤傲性格。

作者曾去曲阜采风,深感孔府建筑的文化底蕴博大精深。建筑,凝固的音乐,我们还可以从孔府略窥一斑。

孔府为天下第一家。

现在的孔府,保存下来的基本是明、清两代的建筑,是典型的官衙与内宅合一的贵族庄园。我国古代建筑,大体有官用和民用两种。官用的大多是富丽雄伟的御用建筑,民用的主要是房、舍之类。孔府是介于这两者之间的一种独特的建筑,孔府的建筑群,蕴含了儒学中庸和谐的理念,堪称一绝。

孔府中路的前半部是官衙,有大门、二门、"三堂"、"六厅"等建筑。官衙的建筑结构布局,动中有静,静中有动。错落有致的庭院宛如一股清凉的溪水注入威严有余的厅堂之中,给整个空间增添几许生气。

孔府中路的后半部分是内宅，又称"内宅院"，进入内宅院别有洞天。内宅共分为四进院落。建筑风格与官衙迥然不同。官衙注重气势与气派，而内宅的楼、阁、厅、房以优美为基点，缀以花木小景，豪华优雅，是典型的高贵府邸。

内宅门外的北墙上嵌着一石槽叫作"石流"。堪称古建筑的奇葩。石流后部中开一孔，此孔向里，通向墙内，墙内石槽呈八字形，又通向两个开口的角端。石流是当年孔府挑水夫倒水的地方。按惯例，挑水夫之类的男仆不得进入内室，他们将水挑来，倒入石流，通过石流流入院内南墙下水缸，再由女仆将水送往内室各处使用。石流的设计，真可谓我国古代建筑史上的一绝，同时又折射出封建礼教的等级森严。

内宅门北面，有一个3米长、2.5米宽的照壁，上面绘有一幅巨大彩色动物——犭贪。犭贪是神话中的贪婪之兽，能吞下金银财宝。衍圣公将此画绘在内宅门的内壁上，当然是想告诫子孙们不要贪赃枉法，以示家风。

内宅门内的第一进院落，称为前上房院。有七间前上房正室，东、西各五间厢房。前上房七檩七间悬山式，是孔府主人接待至亲朋友的客厅，也是举行家宴和婚丧仪式的主要场所。

前上房院的东、西两侧各有五间配房，西称"内西房"，东称"内东房"，是孔府收藏日用礼器的内库房和管账室。

在这些建筑群中豁然开朗，前上房院南部东、西两侧各有一株高大茂盛的古老荼树（又称"十里香"），春夏时节长满绿叶，盛开白色花朵，满院飘香，典雅而舒适。花朵和清香给高墙深处的内宅带来几许生气，平添了一分遐思，颇有楼外有景的审美趣味。

院内砖铺的甬道两旁放置四个直径0.6米的大石鼓，是当年府内戏班子唱戏时扎台的垫脚石，足以显示贵族气派。

紧连内宅的东南门角，有一座灰色砖砌的四层小楼，府中称作"避难楼"，这是专供孔府眷属避难之用。避难楼的门户，铁皮蒙裹，铆钉密布，楼底层装有活动吊梯，下设陷阱，袭击者一旦踏入，便会翻落坑里。楼上还储有食物，以供避难时用。二层楼下全用铁皮包着，以防火攻。足见建筑设计之巧妙。

穿过前上房的后抱厦，过一道低矮的小门，便进入前堂楼院。在四周的高墙下，此院显得格外精致。院内南墙下，东、西各有6米长的鱼池对列，池北各植硕大塔松一株，池、树奇妙搭配，空间顿然开阔。

前堂楼是孔府内宅中的主楼之一，为七间七檩悬山式二层楼房。前堂楼的建筑设计特别注重艺术性。楼上、楼下全部用紫红格窗，楼上紫红栏杆，上刻云朵、宝瓶，两层之间正面有大型紫红色的横板，上雕云纹。下层室内及廊下方形天花皆绘翔鹤、灵芝，生动优美，雅致清新。

楼下的长廊，也具有典型的中国建筑特色。位于屋前、后的叫"前后廊"，围绕屋四周的叫"周围廊"，在建筑群中轴线两旁围绕庭院的东西廊则称"庑"或"庑廊"。

一面透空、一面粉墙的为半壁廊；两边透空、中隔窗墙专供观赏、徘徊只用的称"复廊"。

"廊"同时又可把分散的亭台楼阁及殿堂馆榭串联成有机整体，"廊"给孔府特定的空间绘上了一抹浪漫色彩。

后堂楼院内的东楼是当年府内做针线活的地方，西楼是招待内客亲属的住宅。后堂楼左右角门，西边通佛堂楼跨院，佛堂楼是衍圣公及夫人烧香拜佛的地方。东边通内仆居住的小院落。从建筑空间来看，分工明细，叹为观止。

后堂楼的庭院设计更为别致，极富韵味。院南部的前堂楼后门，外加一座玲珑精制的小抱厦。"抱厦"也称龟头屋，是由两个九脊殿（歇山顶）作丁字相交的形式，插入部分称"抱厦"。后堂楼的抱厦既弥补了南面光墙的缺陷，又开阔了视觉效果。

抱厦四周还有空廊，廊用石绿梅花柱，上有药牙子，下有座凳栏杆。整个院落有一种静谧中的轻松感，这也是孔府设计的中庸和谐的特点。在注重庄严的同时，恰如其分地给予居住者心绪一点释放，居住的美感油然而生。

孔府东路称为"东学"，面积大约是孔府的三分之一。自前向后有观赏台、慕恩堂、家庙、一贯堂、前厅、一贯堂内宅、瞭望楼（避难楼）以及厨房等。

孔府东部最南端有一个土台，叫作"观赏台"。按照府内规定，或者说按照封建礼教规定，女眷不能轻易出府门。每当逢年过节，墙外的民间活动热闹非凡，女眷们却又不能出府，只好登上此高台观赏。

后来慢慢修建成看台和棚子，便也成了名符其实的观赏台了。观赏台作为孔府建筑之一，所折射出来的深刻人文意义，大大超过了府内其他精心制造的景物。从某种意义上来说，建筑最能表现一个民族思想文化的精神内涵。

西学即孔府西路的建筑，也称"西学院"，这是当年衍圣公会客读书、吟诗、司礼的地方。

大体而言，西路建筑起着离宫别馆的作用，西路与中路之间，随处有腰门相通，而主要通道设在中路大堂与二堂间。西路有各种厅堂、轩、房七十余间，自前向后有红萼轩、忠恕堂、安怀堂等。院内各种奇花异草、翠竹奇石点缀其间，宁静和谐地合成一股典雅古朴的学院氛围。

西路建筑更突出儒家礼制精神，蕴含一种象征意味。

西学第一进院落的正面大厅是红萼轩，这个阔五间的建筑，上有不太高的飞檐，下有一排斗拱与前廊下的坐凳栏杆相配，别有一番诗情画意。两旁还有东、西厢房，院内植有花木，西南角有一株参天的大树。这便是当年衍圣公读书与会客的地方。

红萼轩后面有一个四合院，正中为忠恕堂，堂名取《论语·里仁》"夫子之道，忠恕而已矣"语义命名。

忠恕堂可以说是西路中心所在，为五间七檩，飞檐斗拱，花楹槅扇，下有坐凳栏杆，后出抱厦，前有高起的月台植有名贵花卉。这里可称得上是中国传统建筑的荟萃。尤其是花楹槅扇，最能体现中国古代建筑艺术的韵味。

槅扇，是我国古代建筑中典型的外檐装饰之一，下部为裙板，中上采光部分称为格心。

格心通常饰有不同图案的棂条花格，或糊纸，或夹纱，背光衬格，具有剔透玲珑的剪影效果。雕花楹柱组合的槅扇，可全部开启，使室内外空间彼此连通；亦可关闭，又使室内外空间同处朦胧状态。

内外转合谓槅扇，室内的文房四宝与室外的花卉树木共成雅趣。或一卷在案，或漫步廊下，各有情致。

忠恕堂后是安怀堂，俗称"九套间"。堂名取自《论语·公冶长》"老者安之，朋友信之，少者怀之"一语。

前堂上方悬挂"安怀堂"三字草书匾额，堂为五间，七檩硬山。堂前也有一个不大的院落，东、西两配房，中有一米高的月台，前连忠恕堂，后面是南北花厅，遥相呼应。

花厅各有廊檐，檐前还悬挂宫灯。整个安怀堂的布置带有浓郁的书香情调，是当年衍圣公会聚宾客朋友、吟诗作画之处，一派闲情逸致。

西路最北边，还有一院落，是当年衍圣公读书书房，称为"内书房"或"西学"、"学屋"。此处院落宽旷，院内正房三间，西耳房二间，东耳房三间，正室明柱悬挂着对联："庭列瑶阶林挺琼树，门有通德家承赐书。"

花园，是一种以自然山水风景为模式的建筑。我国的园林建筑初兴于春秋战国时期，至秦、汉时风格形成，提倡"虽由人作，宛自天开"，强调人工雕琢的山水风景不露痕迹，有浑然天成的艺术效果。

宋、明以后，中国园林艺术登峰造极，形成了六法要素：山、水、树、石、屋、路。一曰花木、二曰水泉、三曰山石、四曰点缀、五曰建筑、六曰路径。中国园林的手法借景为第一，并有对景、设障碍等，以追求含蓄的效果。

孔府的园林建筑堪称中国园林的典型之作。孔府花园最初建于明孝宗弘治十六年（1503）孔府园林按"六法"标准设计而成。园内假石、怪岩、喷泉、花坞、水榭错落其间，并有溪水缓缓淌过。曲水桥旁花木扶疏，藤萝缠绕。

令人惊叹的是园中有一棵"五柏抱槐"的奇树，这株"五君子柏"一树出五枝，树干中间居然又出一棵槐树。

花园中部，铺南北小径一条，中间点缀有各种盆景、石几、石凳。东北角上，有一旧式花厅，上覆灰瓦，古雅华丽。清末以来，此处曾经叫作"坛屋"或"五仙坛"，孔府主人在此供奉蛇、蝎等五仙。

另有一座民国年间修建的西式花厅，厅前有露台，孔府家人在此欣赏四季风光，感受天人合一的自然情怀。

孔府的建筑很完善，外围还有配套设施，大致可分为四个部分：一、喜房；二、后作、更道、冰窖、白虎厅；三、东场、西仓、东栏、马号、紫火园；四、钟鼓楼。

建筑"既然有体有形，就必然有一个美观的问题，对于接触到它的人，必然引起一种美感上的反应"。这是梁思成所言。

孔府，这个庞大的建筑群几百年来矗立在曲阜的土地上，屹立在中华大地上，它的美感远远超出了视觉范围，永久回荡儒家文化的旋律。

我们从现实生活的建筑，到红楼梦的艺术建筑，不难发现，永恒的生命需要永恒的居所。

正如当初，埃及人用芦苇建造了房子，到了金字塔时代，他们的房子是用太阳晒干的土坯组成的，人们把埃及人看成是伟大的石构建造者，是他们建造了人类最初的城堡。

土坯和石块垒起的城堡，不断的发展，形成了今天地球上所有的居所，简易的或华丽的。

人类的居所与生命息息相关，构成了生活之美。

寺庙，多少楼台烟雨中

从前，有座山，山上有座庙，庙里有个老和尚……

这在中国，妇孺皆知的故事。也是一个永远讲不完的故事，永远流传的故事。

小时候听不厌的故事，充满着想象力，有那么多未知的因素，吸引着好奇的孩子，大人们也热衷讲，可以按着自己的理解不断加以扩充……

那一座山上的那座庙，其实也是我们生活中的一份情结。

杜牧诗云：

千里莺啼绿映红，

水村山郭酒旗风。

南朝四百八十寺，

多少楼台烟雨中。

大约公元纪年起，随着佛教的传入，渐儿形成寺庙的建筑，融入了中国人的智慧和审美，含有浓厚的民族文化色彩。

先观寺庙的空间布局。

从建筑的空间布局来看，中国传统建筑以封闭的群体格局为重，在地面平面铺开，形成一条南北纵轴线。中国古代无论何种建筑，从住宅到宫殿，几乎都是这种空间布局，类似于"四合院"模式。

中国佛寺亦如此。不论规模地点，其建筑布局是有一定规律的：平面方形，以山门殿—至天王殿—至大雄宝殿—至本寺主供菩萨殿—至法堂—至藏经楼，沿着这条南北纵轴线来组织空间。

中国寺庙建筑基本沿袭洛阳伽蓝七堂制的规范，具有佛殿、法堂、僧堂、库房、山门（又作三门）、西净（指厕所）和浴室。总体布局对称稳重且严谨，沿着这条纵轴线，前后起承转合，一气呵成。

显然中国佛寺建筑的空间布局融合了中国古代特有的祭祀祖宗、天地的功能，这种空间布局的理念，传送了古人的审美观——天乾地坤，天人合一。

中国古代阴阳转化的宇宙观认为，"四方上下曰宇，古往今来曰宙"，空间与时间的无限，即为宇宙。"宇"字本意为房檐，无限之宇，当然则以天地为庐。

中国人的宇宙观，把天地拉近人心，人与自然融合一体。"以类合之，天人一也"。董仲舒《春秋繁露》中的观念，深深融入中国建筑的空间布局中，形成纵轴四合之雏形。这种空间布局看似封闭，融入自然又不封闭，从四合上强调室内和室外空间的转化。

因此中国佛寺建筑空间布局，也更多注入室外元素，不把自然排斥在外，而是纳入其中，"深山藏古寺"，正是这样的理念说明。

中国传统文化中山林谐趣的情怀和情结，造就了中国佛寺的审美趣味。佛寺既藏于深山，也就成了深山的一部分。自古名山皆佛山，从另一方式诠释了佛教本意：诸行无常，诸法无我，有便是无，无便是有，有无依承，因缘相续。

再看寺庙中的园林设计。

园林设计是中国传统建筑的特征，中国传统建筑十分重视营造自然景观和建筑形式的和谐，形成独特的园林设计的审美观。

一方面中国传统建筑的园林设计充分利用创造自然美，几乎所有园中都有水池、假山、花草、树木等，呈现出一种小桥流水、荷花飘香的自然景观。另一方面中国传统建筑中园林设计又非常重视建筑形式，注重运用亭、台、楼、阁、廊、榭等形成浓郁的民族文化情趣。

中国佛寺建筑中同样注入了园林设计元素，尤以"廊"而显著。中国传统建筑园林设计中，廊是指屋檐下的过道、房屋内的通道或独立有顶的通道。包括回廊和游廊，具有遮阳、防雨、小憩等功能。廊是建筑的组成部分，也是构成建筑外观特点和划分空间格局的重要手段，对庭院空间的处理具有美化作用。

前面我们介绍了，孔府园林中的长廊所具有的人文意蕴，这里再对寺庙建筑中的长廊，作进一步的趣析。

中国佛寺建筑中"廊"随处可见，从天王殿到大雄宝殿及本寺主供菩萨殿均以回廊组成，并配以两厢的长廊，打破空间局限，变与不变之中给人一种无限的遐思。

室内和室外之间的转化，有和无之间的变化，有限的空间展示无限的想象。在这里体现了原始佛教的"缘起性空"，一切现象都有因缘关系，室内与室外的相互依存，没有室内也就无所谓室外，一切都在变化之中。

从某种意义上来说"廊"即体现了这种相互依存的关系和变化，"廊"之意境又折射《易经》八卦中"风巽"的审美意味。

八卦把风叫做巽，风是无孔不入的，太阳还有照不到的地方，可风哪里都吹得进去，而且风吹起来很一致，没有任何偏心。视觉所见，风吹过的地方，所有草都是向一面倒的。凡是很齐，而且哪里都进得去的东西，我们就把它叫做巽。

廊如巽，拓宽了空间概念，佛性无处不在。自性悟，佛皆众生。

此外，中国传统建筑园林设计中水景必不可少。水是最富有生气的元素，无水不活。因此，水景也是园林设计最主要的因素之一。有静态的水景也有动态水景，表现出不同的水之美。

我们从《易经》八卦中的"泽兑"观其审美意味。八卦把泽叫做兑。泽为什么是兑呢？当我们去到清澈的池塘边，通常都会感觉到心情很愉快，也因为池塘旁多半有些树木，景色怡人，赏心悦目。兑加上个"心"，就是悦。水景之美在泽兑中达到了升华。

中国佛寺建筑的园林设计自然也离不开水景之泽兑的审美趣味，同时又体现了佛教的本意，称为"放生池"，波澜不惊的水面下涌动着无数的生机，生命的美学意义在这一方水池中尽显哲理。

再述寺庙的风格特征。

中国传统建筑风格以屋顶的形式和装饰著称，飞檐是其最为突出的特征。

飞檐是中国传统建筑中屋顶檐部的一种形式，在屋顶转角处，四角翘伸，形如飞鸟展翅，轻盈活泼，所以也常被称为飞檐翘角。

通过檐部上的这种特殊处理和创造，不但扩大了建筑的采光面、有利于排泄雨水，而且增添了建筑物向上的动感，仿佛有一种气势将屋檐向上托举，带有了灵动轻快的韵味。

中国传统建筑群中层层叠叠的飞檐，柔美的曲线营造出壮观的气势，使屋顶成为中国传统建筑中最为突出风格特征。

中国佛寺建筑风格亦如此，屋顶的形状和装饰占重要地位，飞檐使佛寺建筑群显得庄严浑厚，行观其间，除了感受强烈的节奏感和鲜明的流动美，更传递出独特的审美理念，折射《易经》八卦中"天乾地坤"的意味。

《易经》中把天称为"天乾"。天为什么会变成乾呢？因为天最大的特性就是健（天行健），它可以不停往前、往外去发扬。换句话说，天是最有创造力的。

我们常说天生万物，万物都是天生的，还不够有创造力吗？天能有这种创造力，是因为它很刚健，永不停息。世界上很多东西都有刚健的成分，所以我们就把天说成乾，这样就可以用在方方面面，也扩大了天的能量。

飞檐如天乾呈现向上向外的张力。地非常顺，它最没有意见，最懂得配合，所以把它叫做坤。坤的意思就是很柔顺。中国佛寺建筑群扎根于台基上的殿堂，如地坤，稳固而柔顺，呼应飞檐凌空托起，融合于天下。

装饰上，中国佛寺建筑的屋顶风格采用中国传统建筑的琉璃瓦饰，檐角上常排列一队有趣的小兽，小兽的大小多少视寺庙宫殿的等级而定，最高等级共有十个。

这些兽饰或象征吉祥安定，能灭火消灾，或是正义公道的化身，能蠲除邪恶。所有的造型精美，神态各异的小兽，具有很强的装饰性，使本来极无趣笨拙的实际部分，成为整个建筑物美丽的冠冕。

飞檐和琉璃瓦写照了天与地的相互依存，正义与邪恶的抗争，产生一种合乎情理，出乎意料之外的禅趣，超然于现实与生命之上的美感。

寺庙建筑直悟禅意：

日出嵩山坳，

晨钟惊飞鸟。

林间小溪水潺潺，

坡上青青草。

……

尾 声

初稿打印出来，请友人拜读，阅后问：

就这样结束了？

笑答：是呀。

意犹未尽……

意犹未尽？

审美恰在其中。审美，心与物的交汇，掩卷若有所思，正合作者心意。于是想到，该补上几句，亦或余音袅袅。

生活还在继续，文化仍将演变，审美永久流淌……

完稿于 2019 年 3 月

界定与非界定

——审美在线

秦建鸿

完成书稿，想为自己的书作一个界定，却发现很难用一种固有的术语来界定《与美同行》。文学类？抑或学术类？

《与美同行》，可谓另类文本。

于是想到"界定"，这个世界能被界定吗？答案当然是否。但是，这个世界又是被界定着的。

史蒂芬．霍金曾论说宇宙的历史，从大爆炸到黑洞，显示出宇宙漫长发展的状态。因此，宇宙不是静态的，而是一个膨胀体，一个不断发展变化的过程。宇宙的不确定性，决定了宇宙的无法界定。

在进行初稿修改时，，黑洞被证实了，人类第一次拍摄到了黑洞的边界，这验证了物理大师们的论点。

史蒂芬霍金让无法界定的宇宙有了一个暂时的界定。其实所有的界定，都是为着非界定而界定。也许正是这个观念，促使了现实生活悄然的变化——跨界的创意。

也因此有了《与美同行》大胆的前行。

借此通过"跋"，对《与美同行》再作梳理，从研究领域；研究对象；以及研究方法，彰显本书审美读物散文化的另辟蹊径。

借用费孝通先生关于美的经典语言，作为本文的框架。

各美其美

《与美同行》开卷启云，"中国文化从《易经》源起，《易经》如格拉丹东雪峰， 如果说格拉丹东雪峰是中国的父亲山，滴水之源奔泻千里，孕育了三江源。那么《易经》可谓中国文化之父，孕育了儒学和道学，《易经》中的每一爻意蕴绵延千年。"

书中的笔触，从文化的视角谈审美。

问题来了，细分研究领域文化归属社会学，美学归属哲学。但稍作研究，两门不同的学科融会贯通，审美是文化的一种现象，源自生命。

本书跨越了研究领域的界限，提出文化审美。于此美学走下象牙塔，与现实中的我们同行。

文化是一种生活样式，什么样的生活决定什么样的文化。不样的生活产生迥异的文化，形成审美的千姿百态，各美其美。

本书第三篇，自然的人文情怀，书中从春夏秋冬四季的流转展示自然的人文精神。不同的自然风貌带给生活不一样的体验，形成多样化的文化，带来绚丽多姿的审美趣味。水墨江南的温婉之美，万顷碧波的大气之美，巍巍群峰的坚毅之美，苍茫草原的宽厚之美，等等。特殊的地理位置，造就了独特的人文风貌，带来各自的审美意蕴。

美人之美

1750 年，鲍姆嘉通发表了他的伟大著作《美学》，从此开创了一门新型的独立学科。鲍姆嘉通认为，美是一种感性的认识，感性认识同样也能通向真理，因此感性认识也应该是一门科学。

鲍姆嘉通之前，感性认识被排斥在哲学之外，鲍姆嘉通对他之前的学术作了全面深刻的研究，提出了他的美学观——美是以感性认识进行思维的一种成果。

当之无愧的美学之父，鲍姆嘉通在他那个年代，将他的学术有别于理性认识的科学研究。美学，作为一种感性认识，就这样归入哲学中的一门独立学科。

100 年以后，费希纳，又开启了心理美学之门，被称为现代美学。费希纳强调，审美是以人的心理活动为基础，心理条件不同，形成风格迥异的审美活动。

在费希纳那里审美是身心的关系，他认为物理世界和心理世界存在着相互依赖的关系，精神与物质，统一于灵魂中。

其实对感性认识的理解在中国更早的时候就提出了，公元 600 年间，禅宗慧能大师就有了对感性认识的精辟论说，"世人性本清净，万法从自性起"，悟性直指真理。

从研究对象角度，美学自鲍姆嘉通开创的哲学美学，渐而转向费希纳的经验美学。不管是"至上而下"，感性认识的哲学意义始起，还是"自下而上"，从主体心理的经验而起，美学界的这两股思潮汇聚于这里，在《与美同行》里殊途同归于本性，本书提出一个观点——审美说。

美和审美，名虽有二，体本同一。美是审美之体，审美是美之用。心物交流于本性。

本书第二篇，心物交流。从现实社会普遍现象涉及，审美是因每一个独特的个体而产生的效应。唐宋诗词，名家绘画，以及世界名著等等，所有艺术创作乃至生活中的每个人，审美，烙上了各自心灵的体悟。

书中探寻审美心理的奥秘：

心之底基——感知觉。审美感知觉，一脉相传人类遗传心理基因，突出了它的整体性和超感性。同时展露个体经验的积淀，显示明锐的选择力，和浓厚的感情色彩。

心之桥梁——想象。借助想象的超常力，我们可以在现实与历史间穿插。想象的创造性和超前性，极大丰富了个体与对象的空间。

心之趋力——情感。如果说，情感是审美心理的动力，那么，无私和自由就是情感的源泉。在这一源泉里，酿造出完整而生动的审美趣味。没有情感，也就无所谓审美意蕴。

心之感悟—理解。审美心理的最高层次理解，升华对象，赋予对象无穷的意味，捕捉或展现生活本质的无限必然的内容。

审美自性起，美人之美。

本书提出的"审美说"更便于大众接受，也合符情理。愿"审美说"这朵浪花，滴水成川。

美美与共

《与美同行》的研究方法采纳交叉学科的经典案例，这是一个关于吃馒头的例子：吃第一个馒头是需要的自变量，满足饥饿需要的应变量。自变量和应变量关系的程度称为边际量。吃第二个馒头边际量效应开始下降，道理很简单消除了饥饿感。

这是凯恩斯著名的经济学三大心理规律之一，消费边际倾向递减。

如果把这一心理规律应运到"审美说"中，我们会发现一个有趣的现象，审美的应变量和自变量发生的边际关系，不是递减，反而是递进。

假定第一个馒头是审美需求的自变量，那么第二个馒头审美需求的应变量随之而增长，这是因为审美是一种心理积累，审美需求所产生增长的边际效应，美美与共。更因为审美是精神的扩充且不断丰富，精神是不会产生饱和感的。

本书第一篇，人生六阶。从自变量和应变量的角度透视，"人生六阶"既是一个阶梯，又是一个循环体，恰是生命本质内在精神需求的递进。生命是一个开放的体系，并不断扩充着。

从第一阶的"履霜"，磕问为什么起航？第二阶的"不习"，为此努力奋斗。第三阶的"含章"，为什么而坚守？第四阶的"括囊"，如何面对成功与失败。第五阶的"黄裳"，人生的收获意味着什么？直至第六阶的"玄黄"，感悟生命变数的无穷魅力。

可以如是说，生命本身就是一个边际效应增长的审美体。

时下最常使用的词汇文化和精神。审美，介于这两者之间，既是一种文化现象，又是一种精神状态。

天下大同

结束书稿，有一种无以言状的快乐，也许这就是审美带来的愉悦。

我把我的思考坦露于书中，奉献给读者，便陶醉于此，产生审美的快感。

生活的内核是一种奉献，而非仅仅为了生存。有所奉献，有所收获，有所美感。奉献，甚至就是一种细微的发现，把你发现的目光，投射奉献给了对方，这一份福报，愉悦他人同时愉悦自己。

随着互联网对生活的渗透，社会方方面面都将产生新的跨界与交叉，但是，永远不变的是涉及人类本性的审美，审美在线。

愿所有的读者都能陶醉于书中，发现自己。自在生活，与美同行，天下大同。

后　记
——感恩与激励

初稿完成了却心愿，有一种心想事成的愉悦。这份快感源自于一路走来的辛苦，写写停停原因种种，自不必啰嗦。

于是想到多年前，那个寒冷的冬夜，裴刚，一个高才生，和我一起围坐在暖气旁闲聊《易经》，裴刚神侃历史人文，有问必答，最佳的讨论对手。

聊着，聊着，忽然领悟到"坤卦六爻"的无穷奥妙，犹如广义相对论中天体间的黑洞。

"坤卦六爻"可以比喻人生，人与物之间，人与人之间相互引力产生作用。沿着"六爻"的六个阶段前行，用一世的辛劳换来人生帷幕隆重降下，铸就辉煌的人文精神，延续人类的命脉。

当下决定写人生的六个阶段"坤卦六爻"，从审美切入。如果说"坤卦六爻"是人生的阶梯，那么审美就是扶手。

说到审美，冥冥之中注定了与美学有着不解之缘。当初为什么要读美学？说不清。一个女生偏要修这么玄乎的美学，没人理解。哲学在旁人看来，有点不可思议。但是，唯独自己坚定信念！

就这样踏入恢弘的美学殿堂，星光闪烁，灿烂无比。沐浴在审美的光环下充满喜悦，岁月的积累，便有了一个心愿，想要写一本通俗美学方面的书。

现在这本审美读物就展现在自己的眼前一《自在生活一与美同行》，此书的完稿，可谓了确最初的心仪。

"坤卦六爻"融入生命，自在生活与美同行。

那时说干就干，买书查资料，这一切又要感谢女生忻慧琍。一个信息发送过去，查遍网上或书店。小忻的仔细和踏实，总能如愿以偿。每每觅得想要的书，如获至宝，我们幸喜若狂，相拥雀跃。

此时深感，书到用时方恨少。

一种想法，要变成文字，成为一本著作，这期间的艰辛不言而喻。在此又要感谢我的导师杨海根、盛彩云夫妇，他们永远的鼓励以及悉心的指教相随此生。无论刮风下雨，或是夜半时分，前往叩门，启开的永远是笑脸相迎的热情款待，一碗热汤暖心窝。不必忌讳，拿出我的成文或不成文的稿子，遂句拜读，一一指教。这其间传递的不仅仅是智慧，更多的是兄长般的温情。

"写！写下自己最想表达的思想，不负你的使命。"

此话是我最想听的，也是杨海根和盛彩云老师知音的肺腑之言。他们是我最忠实的读者，这份勉励恰如强心剂。

当然，还要感谢我的学生，著名作家王唯铭，每两年出一本书，那种蓬勃强劲的创作态势，无形中也在激励着我。与王唯铭交往中阅读的大量信息与其闪烁的思想火花汇聚一种推力，不亦乐乎。

还要感谢同窗叶治安的热情鼎力相助，以及沈黎风老师的慧眼，给了《与美同行》出版的机会，驱动我在2018年的寒假最后开足马力，完成书稿。

更为美编胡丹不计报酬精心制作而感动，好心人与美同行，一路相随。

感谢中，少不了好友丁旭光，以及为本书作序的孙琴安老师，从这本书的萌芽，到最后的完稿，他们可谓是个见证人，目睹《与美同行》逐渐成长，每每关键时刻出手相助。感谢孙琴安老师为此书作了中肯精湛的序文。

如此想来，要感谢的人还有很多，很多，在这里请各位包容，感谢所有鼓励支持帮助我的老师同学、亲朋好友。

我们所有的新老朋友，携手一起与美同行！

图书在版编目（CIP）数据

自在生活：与美同行 / 秦建鸿著. ——上海：上海
三联书店，2019.8
ISBN 978-7-5426-6722-9

Ⅰ．①自… Ⅱ．①秦… Ⅲ．①美学—通俗读物 Ⅳ.
①B83-49
中国版本图书馆CIP数据核字（2019）第128236号

自在生活：与美同行

著　　者 / 秦建鸿

责任编辑 / 程　力　陆雅敏
装帧设计 / 姚　璐
监　　制 / 姚　军
责任校对 / 徐　峰

出版发行 / 上海三联书店
　　　　　　（200030）中国上海市徐汇区漕溪北路331号A座6楼
邮购电话 / 021-22895540
印　　刷 / 上海展强印刷有限公司

版　　次 / 2019年8月第1版
印　　次 / 2019年8月第1次印刷
开　　本 / 787×1092　1/32
字　　数 / 120千字
印　　张 / 10.25
书　　号 / ISBN 978-7-5426-6722-9/B·638
定　　价 / 38.00元

敬启读者，如发现本书有质量问题，请与印刷厂联系：电话021-66366565